DÎNERS EN VILLE, MODE D'EMPLOI

GUILLEMETTE FAURE

DÎNERS EN VILLE, MODE D'EMPLOI

L'art de se passer les plats

BERNARD GRASSET
PARIS

Couverture : © Virginie Berthemet 2017.

ISBN : 978-2-246-86283-3

« Ces soirées ne m'amusent plus. Avant, on rencontrait des gens surprenants.

— Les gens sont moins surprenants ou on est moins facilement surpris ? »

House of Cards

Introduction

Chacun se défend d'en être. « Je hais les dîners. Je n'y vais jamais », assure Jean d'Ormesson, un des invités les plus courus de Paris[1]. Il n'est pas le seul à les détester. Chaque portrait de grand dirigeant, d'artiste en vue signale immanquablement qu'il « fuit les dîners en ville ». Si vous tapez sur Google « il fuit les dîners » – en ville ou mondains –, vous trouverez les noms de Bernard Cazeneuve comme de Nicolas Canteloup, de Gilberto Benetton comme de Stéphane Courbit.

Voilà une marque de succès incontestable : affirmer n'en avoir plus besoin. Quand Arthur Sadoun arrive à la tête de Publicis et sa femme Anne-Sophie Lapix au 20 heures de France 2, on note que ceux qui « réfutent l'appellation de *Power couple* (...) sèchent les dîners en ville[2] »...

Et quand on veut torpiller son adversaire en politique, on lui reproche de trop en fréquenter. « Alain Juppé, c'est la politique des dîners en ville », a dit de lui Henri Guaino.

À écouter les intéressés, non seulement les dîners en ville n'auraient plus d'invités, mais ils n'auraient plus d'hôtes non plus. Posez la question aux gens célèbres pour en organiser et vous entendrez : « Moi, je ne fais pas de dîners en ville. Je fais des dîners de copains ! », « Je ne suis pas quelqu'un de très mondain, je ne dîne que sur le registre professionnel », prétend un lobbyiste. Les dîners en ville, qu'est-ce que c'est ? Ce sont les dîners des autres, ou à la limite ceux auxquels on a été invité et où on ne s'est pas senti dans son assiette. Les nôtres ne rassemblent que des amis et qu'y pouvons-nous si ces amis ont des métiers intéressants ? « Je n'ai pas de réseau, je n'ai que des amis », disait il y a vingt ans Bernard-Henri Lévy[3]. Un médecin auteur de best-sellers préfère ne pas parler de ses dîners, pourtant réputés, parce que, assure-t-il, ils relèvent de sa sphère familiale ; les acteurs et réalisateurs de cinéma invités à ses tables à trente couverts seront flattés.

« Les bons cuisiniers, les casseroles et les habiles organisateurs de repas sont souvent plus utiles à l'ambition et à la mission politiques que les secrétaires ou les questions écrites », notait déjà Antonin Carême[4], le cuisinier de Talleyrand, « roi des chefs et chef des rois ».

Le dîner en ville existe depuis des siècles. C'est un genre de cour, un lieu d'agrément et un théâtre social, une tradition bien française. « Comment peut-on être ministre et dîner en ville ? Il est vrai que s'il en était autrement… il n'y aurait plus de ministres », aurait dit

Charles de Gaulle. Il n'y aurait peut-être plus de président non plus, se dit-on alors qu'un ministre fulgurant mais serial-dîneur s'installe à l'Élysée.

Le dîner en ville est intraduisible. L'exercice est bien moins courant en Allemagne par exemple, comment voudriez-vous composer des tables avec vos contacts de Francfort, Düsseldorf et Berlin ? La haute société new-yorkaise se coopte peu dans des dîners en ville : si l'on veut parler business, on fait des *power lunchs* de boulot et on ne s'embête pas avec les épouses ; s'il s'agit d'étendre sa sphère d'influence, les soirées philanthropiques sont là pour ça. Dans un cas comme dans l'autre, les objectifs de ces tablées sont explicites. Invitez des Américains et ils vous répondront probablement *« what's the occasion ? »*, pour quel motif ? On ne dîne pas sans raison. Et les dîners se jouent à l'extérieur ; les Américains reçoivent peu. Après avoir consulté trois manuels de savoir-vivre contemporain américain, aucun ne fait allusion à l'art d'être invité ou de recevoir. Un dîner chez soi ? « C'est un investissement de temps que personne ne fait ici car cela ne rapporte rien d'évident », résume Cécile David-Weill, installée à New York depuis dix ans. Si l'on veut cumuler vie professionnelle, sportive et amoureuse, on est déjà *fully booked*, où trouverait-on le temps pour des mises en scène amicales ? Faire la cuisine chez soi alors que les cuisines des appartements de luxe ne servent souvent qu'à recevoir des plats commandés aux restaurants des environs ? Les écueils sont trop nombreux. Inutile de rajouter un motif d'anxiété à la quête de perfection. « Et puis pour que ça marche, un dîner en ville, il faut un peu de vocabulaire, pas juste des "*oh dear*…", les onomatopées ne tiennent pas une conversation », ironise l'écrivain et académicien Marc Lambron, un de nos dîneurs français. Car nous nous pensons être les seuls à maîtriser cet art de la conversation. Chez nous, note le sociologue et dîneur Michel Maffesoli, les dîners restent le lieu des trois commerces : des biens, des amours et des idées.

Les coachs pour expatriés en France les y préparent : vous serez reçu à dîner chez des gens qui vous couperont la parole après vous avoir posé des questions. Il vous faudra y aller car en France, on ne fait du business qu'avec des gens que l'on connaît[5] et, pour considérer que l'on connaît des gens, il faut avoir dîné avec eux. « Pour passer la barrière des e-mails et être reçu par ceux qui comptent, il faut les avoir rencontrés, être identifié par eux, et identifiable », donc dîner, estime la fondatrice d'une société de conseil en communication financière. « On ne peut pas recevoir la terre entière en rendez-vous[6]. » Alors que la terre entière à dîner, manifestement, si. Entendu : « Je n'ai pas fait d'études, mais dans les dîners, je me suis nourri de ce que j'ai observé des autres… »

« Les agendas sont plus chargés. La soirée, c'est une période en plus à utiliser », explique aussi un lobbyiste.

On ne *va* plus dîner, on « *a* un dîner ». On appelle cela du *soft power*. C'est une zone grise entre l'amitié et le privé dans laquelle fleurit une économie de services rendus et donnés. Dans les dîners, les journalistes mettent en confiance des gens inatteignables, à moins que ce ne soit l'inverse. Dans les dîners, se créent des sympathies et il arrive que des antipathies se brisent. Et bien sûr, on y pense affaires. « Une fois sur deux, j'ai un client qui est là », admet Paul Boury en parlant de ses tables. Ainsi des dîners organisés par Isabelle Balkany pour son époux et des chefs d'entreprise, afin de les inciter à installer leur siège social à Levallois-Perret, sont de ceux-là[7]. La directrice de l'Institut français se souvient avoir fait appel à une super communicante pour faire la promotion de ce réseau de l'action culturelle de la France à l'étranger. « Elle a commencé par organiser un dîner chez elle, avec des mécènes, des artistes… » La soirée semblait naturelle, « on sentait une tonalité personnelle, elle a fait ça avec beaucoup de talent ».

Chez des particuliers, on baisse la garde. Il n'y a pas de photographes comme dans les soirées caritatives. Et c'est tant mieux parce que si l'on aime montrer son appartement à son réseau, il n'est pas question qu'il soit photographié, certains restent terrifiés à l'idée que le fisc leur tombe dessus. Sauf pour une publication dans la presse étrangère, personne ne veut paraître dans son décor.

Organisez des rencontres chez vous et les voilà couvertes par l'argument de la vie privée. Le journaliste Pascal Riché, dont un livre[8] s'ouvrait par un dîner en ville chez Denis Olivennes auquel participaient entre autres Emmanuel Todd et Nicolas Baverez, fut pris à partie par Pierre Rosanvallon qui pourtant n'y était pas. « Ce n'est pas correct ce que vous avez fait. » On ne raconte pas les dîners en ville des autres. Pour les journalistes, ils sont supposés *off limit*.

« Qu'importe chez qui a eu lieu ce dîner. Parce que c'était un dîner amical. Je dirais juste que, malgré sa nomination récente à Matignon, il était là. Oui, Manuel Valls », écrit Anne Fulda dans *Le Figaro*[9]. Qu'importe car il est entendu que ce qui se passe chez des particuliers ne regarde personne, surtout dans un pays où le respect du droit à la vie privée est garanti par l'article 9 du code civil. « Les notes de frais ont diminué, les parlementaires sont soupçonnés d'être corrompus s'ils acceptent des invitations… Mais si je les invite chez moi et que je leur sers des ortolans, ils n'ont pas besoin de le dire… », résume Véronique Queffélec, une ancienne lobbyiste. Anne-Sophie Lapix peut assurer que dans son émission « C à Vous », mettant en scène une table, elle n'a « pas souhaité que les politiques viennent dîner sur le plateau, ça évite le mélange des genres[10] ». Dans sa maison du XVIe arrondissement de Paris, avec son mari dirigeant de Publicis, elle reçoit régulièrement des grands patrons et autres figures des médias[11].

Les acteurs économiques français misent sur ces contacts noués hors champ. Alors que la Silicon Valley a développé des cantines pour encourager ses cadres à parler de boulot au déjeuner, les entreprises françaises s'appuient sur des décors intimes pour encourager les discussions extra-professionnelles. Les liens seront plus solides, se dit-on.

En ressortant du dîner auquel elle avait été invitée par le patron de Total Christophe de Margerie, la journaliste Hélène Jouan s'est demandé pourquoi elle y était allée. Ce n'était pas comme un déjeuner *off* dont elle aurait ressorti des informations à distiller. Ce n'était pas vraiment personnel non plus. Christophe de Margerie ne lui avait rien demandé. « Je ne sais pas ce qu'il en retirait, ce que nous en retirions, à part de pouvoir se dire qu'on se connaissait. » Le narcissisme professionnel est un moteur comme un autre.

Les tables que l'on tient chez soi servent à témoigner de sa surface. « C'est une manière de dire aux autres "regardez qui je peux avoir à ma table" », c'est une autocélébration de son rôle dans Paris ! » résume Paul Boury. « Vous faites des dîners soit pour connaître des gens, soit pour matérialiser votre réussite sociale. » Le fondateur d'une grosse entreprise de la tech française le ressent de la même façon. « Alors que ça ne se fait pas trop chez nous de montrer sa fortune ou de parler de salaire, c'est une façon de rappeler son succès... » Oui, il y a des gens d'un peu tous les domaines, mais en point commun, « ce ne sont pas vraiment des dîners de la *lose* », résume l'un de leurs invités.

Quand avec le pouvoir on découvre les dîners en ville, on veut en être aussi. Le dîner vous fait franchir une barrière. Quoi de plus flatteur que d'entrer dans l'intimité des puissants ? « Je suis de milieu modeste, mais très vite j'ai compris que les codes étaient importants », raconte cette communicante qui organise régulièrement des dîners chez elle. Après tout, si les autres le font, se disent ceux qui les découvrent, c'est signe qu'il faut s'y mettre. On rend les invitations ou on en provoque. Progressivement, on rencontrera des gens de plus en plus importants, on maîtrisera cet art social raréfié qui consiste à faire son petit bonhomme de chemin à la Rastignac. « Au départ, on invite les Chirac retraités parce qu'on n'aurait pas pu les avoir avant… Et puis on grimpe les échelons, la persévérance paie », glisse une maîtresse de maison.

Comment entrer dans « cette ronde des dîners, où l'on ne cesse de se rencontrer en donnant l'illusion qu'il s'agit d'un pur hasard » ? Les clubs comme le Rotary ou le Polo ont leurs fonctionnements. Il faut y candidater, y être coopté. En suivant les bonnes règles, on peut espérer s'y faufiler. Entrer dans le grand manège des dîners en ville les plus en vue est bien plus alambiqué, rien n'est explicite. « Ces dîners revêtent un caractère presque magique parce qu'ils ne sont apparemment ni codifiés ni institutionnalisés… Personne n'y est inscrit, personne n'en est exclu… en apparence », décryptent

Sophie Coignard et Marie-Thérèse Guichard[12]. Tout l'art consiste à en maîtriser la forme minutieusement informelle.

Pour s'y glisser, les apprentis influents commencent à organiser leurs dîners en ville avec l'application qu'ils mettaient à s'initier au golf ou à l'opéra dans les années 1990. Cela ne demande que méthode, audace et application. En 2017, un homme qui promettait de rajeunir et renouveler la classe politique est devenu président de la République en s'appuyant sur la méthode la plus *old-fashioned* qui soit : le dîner en ville.

Et si nous aussi décidions d'organiser des dîners en ville ? Après les avoir espionnés, nous les être fait raconter, nous avons de quoi en ériger les règles.

PREMIÈRE ÉTAPE

Qui inviter ?

La base : mélanger les genres

> « En face, deux voisins ne se parlaient pas : on les avait par maladroite bonne intention invités ensemble et placés l'un près de l'autre parce qu'ils s'occupent tous les deux de littérature. »
>
> MARCEL PROUST, *Un dîner en ville*

Dans ce jeu social assez sophistiqué qu'est le dîner en ville, le point clé est évidemment la composition de la table, bien plus étudiée que celle du menu. S'y redéfinissent les contours toujours mouvants du Tout-Paris.

Au départ, il faut un fond de sauce, quelques très bons copains, ou deux couples qui se connaissent bien, une base d'amitié autour de laquelle s'organise le maillage qui fera de nous un groupe crédible.

« Tu te souviens de ce dîner qui n'a pas marché ? » demande une dîneuse à son mari. « Oui, ils étaient tous écrivains… » Quelle tristesse. Quel que soit leur milieu, les dîneurs vous expliqueront toujours qu'un dîner raté, c'est d'abord un dîner dont tous les invités appartiennent au même clan, qu'ils soient cardiologues ou joueurs de trombone… « Ce n'est plus un dîner en ville, c'est de la petite tribu… » désapprouve le sociologue Michel Maffesoli. *Quand un vicomte rencontre un autre vicomte, qu'est-ce qu'ils se racontent, des histoires de vicomtes…*

Mentionnez les dîners en ville et vous récolterez deux clichés de ceux qui cherchent à s'en démarquer. Le « oh mais nous, on ne fait pas des dîners en ville, on fait des dîners de copains » déjà abordé, suivi de l'inévitable « mais nous, on adore mélanger les genres… ». Tout est dans le « mais ». Interrogez des organisateurs de dîners mondains et ils vous feront tous remarquer qu'ils ont la particularité, eux, d'inviter des gens tout à fait hétéroclites. Penser avoir l'originalité du décloisonnement est le point commun de tous les hôtes de dîners en ville. « Ce qui me plaît, c'est de rassembler, de faire des passerelles entre les mondes », raconte Valérie Solvit, figure de la communication chez qui se retrouvent facilement Claude Lanzmann, Marin Karmitz, Monique Lévi-Strauss, la veuve de l'anthropologue, ou d'autres qui ont le sentiment d'avoir été « pris en amitié ». Lors des repas chez elle, note Anne Fulda du *Figaro*, « Les invités sont choisis selon des règles propres à la maîtresse de maison. Avec un dosage subtil entre amitié et attrait intellectuel ou artistique, les deux se mêlant parfois[1] ». Un autre hôte parle d'un doux mélange du monde de l'art avec deux ou trois écrivains…

C'est un service que les hôtes de dîners pensent rendre au reste du haut de la société. « "Les élites vivent dans des univers étanches, cloisonnés", dit le banquier Philippe Villin, qui se veut un "passeur" entre ces mondes[2]. » À sa table, des gens que l'on devine des clients ou des clients potentiels, des gens déjà arrivés ou bien sur le point de l'être – il investit dans l'avenir et se pique de déceler les étoiles montantes –, des banquiers d'affaires : Emmanuel Faber, le patron de Danone, moine-soldat du développement durable, côtoie un couple de deux jeunes danseurs de l'Opéra de Paris, dont il préside une association de soutien.

Quand les débutants en dîners en ville font l'erreur de chercher les points communs évidents, les vieux routiers, eux, se piquent de complémentarité. « J'aime rassembler des gens qui ne sont pas faits pour être ensemble, juste pour le malin plaisir du court-circuit », explique Michel Maffesoli, à propos de ses dîners dans le « Quartier latin, en compagnie de vieux philosophes, de journalistes branchés, de capitaines d'industrie, de personnalités politiques de gauche et de droite[3] ». Son travail de sociologue ne lui a apparemment pas permis de se rendre compte que tous les organisateurs de dîners partagent la même intention.

« Moi, je mélange tout », assure encore Anne de la Baume, déléguée de la Fondation Marcel Bleustein-Blanchet et ex-compagne de Romain Gary. Personne, absolument personne, ne se flatte d'inviter des gens issus du même moule. Depuis les Lazareff, on vante la magie de ce « savant mélange des genres où les hommes politiques côtoient les étoiles du cinéma et où des hommes de science conversent avec de grands couturiers. Ces personnalités ne se seraient peut-être jamais rencontrées si les Lazareff n'avaient organisé ces déjeuners mondains. Ils seront environ dix mille à se vanter d'y avoir participé une fois au moins[4]. »

Le mélange des genres rassure

L'idée, c'est de recréer le monde en raccourci. Le mélange donne l'illusion de contrôler ce qu'il se passe à l'extérieur. « La table est notre petite revanche sur le reste du monde qui, trop grand, trop vaste, nous semble toujours un petit peu désordonné », écrit le sociologue Stéphane Hugon à propos de cette enclave. On ne sait pas à côté de qui on sera assis, mais on sait que ce sera quelqu'un qui aura réussi dans son domaine. De préférence loin du sien. L'expert en antiquité du XVIIIe siècle se souvient d'un dîner où il était assis avec le représentant de Post-it en Europe. « Il nous a raconté des histoires incroyables… » Vraiment.

Le mélange des genres met à l'abri des accusations de *networking*

Le « vous avez des choses en commun » est vulgaire. Le mélange des genres dit : « Je vous reçois parce que vous avez des choses à vous dire, pas parce que vous avez besoin les uns des autres. »

Le mélange des genres libère la parole

Quand les convives ne viennent pas du même sérail, ils peuvent s'exprimer plus librement. « Il y a des discussions que l'on n'arrive plus à avoir si l'on n'est qu'entre soi… C'est moins intimidant pour raconter sa vie d'avoir des gens qu'on ne connaît pas », garantit un hôte. Quiconque a déjà déversé sa vie dans l'oreille d'un voisin inconnu de train ou d'avion comprendra ce qu'il veut dire.

Le mélange des genres permet aux invités de ne pas se sentir en concurrence

Les hôtes de ce dîner qui invitèrent deux spécialistes de Giacometti ne savaient probablement pas que ces derniers ne s'adressaient plus la parole depuis longtemps. Ils auraient dû y penser. D'autant qu'à part pour une soirée à thème Giacometti, personne n'a besoin de deux spécialistes de Giacometti à la même table. Si deux personnes exercent la même activité, il est fortement possible qu'elles se connaissent déjà (vous privant de la reconnaissance de les avoir présentées), voire qu'elles se méprisent mutuellement ou se considèrent dans des cours trop différentes pour s'asseoir à la même table.

On est tous le spécialiste de Giacometti de quelqu'un d'autre. C'est la raison pour laquelle chez la communicante Patricia Goldman, un journaliste à *L'Express* ne sera jamais invité en même temps qu'un représentant du *Point*. « Invitez deux stars et l'une éteint l'autre », résume une hôtesse. Entendu d'un autre : « Huppert et Adjani à la même table et vous allez glacer le dîner »... Il est des alliages dangereux.

Le mélange des genres permet à chacun de briller. « S'il y avait un autre patron de presse que moi, je n'oserais pas raconter les histoires de mon journal... » raconte un homologue. « Là, on n'est pas concurrent et chacun se sent valorisé par la présence de l'autre. »

« Ce que j'aime dans les dîners, c'est l'idée de découvrir quelqu'un qui sera cent fois plus riche que moi, ou cent fois plus connu, ou cent fois plus intelligent », raconte un expert du monde de l'art. Ne présenter à sa table qu'un expert par secteur lui permettra d'autant plus de briller que les autres n'auront aucune difficulté à reconnaître leur ignorance dans un domaine qui n'est pas le leur, note Marc Lambron : « Dans ce G7 avec chandeliers torsadés, on s'enchante de la gloire de l'autre, car elle mesure la vôtre. Comme chacun surestime l'intelligence des mondes qu'il ne connaît pas, on peut y assister à de foudroyants assauts de modestie. Le P-DG qui a mis à mal trois directeurs pendant la journée se fait reprendre sur la prosodie baudelairienne par l'écrivain du lieu et en est ravi[5]. » Karl Lagerfeld ne le dit pas autrement : « Pour moi, les gens intéressants sont les gens qui font quelque chose que je ne peux pas faire[6]. »

Le mélange des genres est un cadeau que l'on fait à ses invités

Le docteur Frédéric Saldmann est une usine à réseaux. Son nom ne vous est peut-être pas familier mais ceux de ses livres, certainement. *Le meilleur médicament, c'est vous*, promet son best-seller. « Les plus beaux dîners parisiens, c'est chez moi », confie encore cet homme porté sur les superlatifs dans ceux des autres. Dans son spectaculaire appartement en duplex qui donne sur la tour Eiffel, les invités comprennent qu'ils sont chez un obsédé de l'espérance de vie en passant à côté de la salle de gym.

Au-delà de son activité d'écrivain, il est aussi connu pour être un médecin de vedettes, un peu moins pour diriger une entreprise de conseil aux secteurs médicaux et agro-alimentaires.

Frédéric Saldmann se targue en société du nombre d'invités qu'il reçoit « par saison ». Car il a des « saisons » (de novembre à avril). Là, ce ne sont pas des plans de table mais des castings que se remémorent ses invités : Roman Polanski et Claude Lelouch, Michel Leeb, Christophe Lambert ou Charlotte Rampling, « des gens un peu *has been* mais des stars quand même », se souvient un convive, des dirigeants d'entreprise toutes générations confondues (Dominique Barrière, Christian Courtin-Clarins, jusqu'à Alain Weill du groupe Next BFM)[7]. « Il fait plaisir à ces grands patients. C'est un outil professionnel, purement commercial », résume un invité qui ne fait pas (encore) partie de ses patients. Il se fait aussi probablement très plaisir, se dit-on en le retrouvant comme modèle d'un personnage d'un film de Claude Lelouch[8].

« Le dîner parisien classique, c'est un avocat, un homme politique, un écrivain, une courtisane, un patron, un journaliste… », résume Paul Boury. « J'en faisais beaucoup il y a trois ans. J'avais une petite amie à l'époque, plus jeune que moi, qui voulait rencontrer du monde… » Il vient de convier à dîner le chanteur Didier Barbelivien et le patron d'un gros fonds d'investissement après avoir remarqué que celui-ci avait posté une chanson de l'artiste sur Facebook. « C'est un client, je l'aime bien… je le lui fais rencontrer. » Souvent, on entend parler des invités comme de cadeaux à ses amis. « Sa grand-mère m'avait dit qu'il rêvait de rencontrer [le chroniqueur] Charles Consigny… », dit un hôte.

On n'invite pas des gens qui pourraient déjeuner entre eux

Car le mélange des genres devient indispensable quand on a un invité d'honneur. Ce n'est pas un repas qu'on lui sert, c'est un plateau. « Les invités doivent l'intéresser, tout en n'étant pas suffisamment proches de son univers pour qu'il ait l'occasion de déjeuner avec eux[9]. » En les plaçant à sa table le soir, on l'aide à jeter des ponts vers des milieux qu'il connaît moins. Le P-DG décline généralement les invitations à dîner de ses directeurs. À quoi bon voir au dîner des gens avec qui on déjeune déjà pour le travail ? « On n'invite pas les gens avec qui on travaille et gagne de l'argent ; on invite ceux de notre ambition professionnelle », explique un *power couple* parisien. Présidente d'un conseil d'administration, elle ne convie jamais le soir ceux qui en sont membres. « Parfois je me dis que ce serait bien, et puis je me demande à quoi ça sert… » En revanche, des auteurs, des compositeurs, des patrons de fonds d'investissement, oui. « Ce sont des gens qui nous attirent. »

Après tout, élargir sa sphère, c'est aussi la promesse des clubs, comme celui des dîners du Siècle, où il est entendu que vous serez assis avec des gens différents à chaque fois. « J'ai toujours des personnes intéressantes à ma table, résume une lobbyiste, je suis en formation permanente. »

Tout le monde n'a pas la même définition du mélange des genres

Pendant sept ans, Jérôme a organisé des « dîners improbables » à une fréquence au moins mensuelle. Plutôt que de demander à ses amis de se mettre d'accord sur une date pour se voir, il trouvait plus simple de décider d'une date et de trouver ensuite les invités compatibles avec cette date. Un site Internet permettait de choisir le jour qui vous convenait. Les invités devaient apporter trois éléments pour le dîner : un thème, un ingrédient à suggérer au menu et surtout un autre invité que les hôtes ne connaîtraient pas. Certains venaient avec des amis, d'autres avec des collègues. « On voulait de la diversité, mais ça restait quand même un entre-soi social », conclut Jérôme avec un peu de distance.

Rares sont ceux capables du même aveu. La plupart des orchestrateurs de dîners en ville sont convaincus de mélanger les genres en invitant à leur table « une actrice, un politique, un avocat pénaliste, un écrivain et quelqu'un dans l'art contemporain… ». Pour d'autres, l'audace consiste à mêler à une même table « des grands patrons et des start-uppers… On mélange tout le monde ».

Politiquement, l'œcuménisme se limite souvent aux milieux fillono-macronistes. Pas de sympathisant d'extrême droite ou de mélenchoniste à la table. Si deux convives annoncent qu'ils vont voter Artaud ou Poutou à la présidentielle, on sourit : ce sont des artistes.

Géographiquement encore, la mixité est toute relative. Un hôte raconte sa soirée de la veille « avec des gens d'un peu partout » : les non-Parisiens venaient de Saint-Rémy-de-Provence, Los Angeles et Saint-Tropez.

Il faut quelques inconnus pour donner des accents de sincérité à un dîner « conseil économique et social »

L'expression revient à Marc Lambron. Les dîners « conseil économique et social[10] » consistent « à réunir autour de la table des personnalités qui incarnent chacune la réussite dans un domaine d'excellence. Un grand couturier, le secrétaire général de l'Élysée, une reine de l'écran, un ambassadeur, un banquier, le Goncourt de l'année… » à l'instar des « dîners de têtes » qu'organisait Alain Minc. Impossible, insiste pourtant l'écrivain, de n'y placer que des stars de leur secteur. « Le risque du dîner CES est que chacun finisse par comprendre pourquoi il est là ; pour faire l'échantillon, le spécimen. On se croyait dans l'urbanité, on tombe dans la taxidermie. » Entendu encore d'un ton désapprobateur : « Je me souviens d'un dîner où il n'y avait que des gens connus… Ça sentait le casting. »

Comme le reconnaît un patron de presse, « parfois, on a le sentiment de ne pas avoir été invité, mais casté… » Le fondateur d'une entreprise de tech française, quand il est invité, a l'impression que ses hôtes se servent de sa présence pour dire « moi aussi, je connais des gens qui ont réussi sur Internet... », n'inviter que des célébrités stars de leurs domaines est une erreur de mondain débutant.

D'où les inconnus respectables – un ami de jeunesse, de nouveaux amis rencontrés par l'école des enfants... – que l'on intercalera dans son plan de table pour rythmer la farandole de célébrités et donner des accents de sincérité à son dîner. Une directrice de la communication précise qu'elle tient à glisser à sa table « des gens de la société civile ». Une autre se flatte de recevoir « aussi des anonymes ». Entendez des gens qui ne sont ni acteurs, ni écrivains, ni patrons de presse.

Prétexter un fil rouge

Pour éviter d'afficher le « dîner utile », on cherche alors un fil rouge, quitte à ce qu'il s'applique à n'importe qui ou presque.

Pierre-Louis Basse, animateur radio devenu conseiller à l'Élysée pour François Hollande, lui concoctait des tablées iconoclastes. « Comme celle-là, qui réunit l'essayiste Roger-Pol Droit, l'ex-joueuse de tennis et philosophe Isabelle Queval, l'écrivain Jean-Marc Parisis, l'historien du corps Georges Vigarello[11]. » Le thème du dîner : « Demain, tous éternels. » Autant dire qu'on peut y convier ceux qu'on veut et les laisser parler de n'importe quoi.

Un autre soir[12], la trame du dîner est encore plus

universelle : « Aimons ce que nous sommes. » Là encore, c'est un exercice en mélange des genres : « L'ancien athlète Stéphane Diagana, la créatrice de mode, installée dans le quartier de la Goutte-d'Or à Paris, Sakina M'sa, le fabricant de chaussures de sport Karim Oumnia, le roi de la gastronomie de bistrot Yves Camdeborde, la philologue Barbara Cassin, le directeur de TV5Monde Yves Bigot, l'ex-otage Jean-Louis Normandin, le journaliste et animateur télé Olivier Barrot, la femme de théâtre, implantée à Sarcelles, Rose Mary d'Orros, et la romancière Faïza Guène. »

Plus précis, Jérôme Doncieux, fondateur d'une entreprise revendue à Publicis, croit beaucoup au « concept ». Il aime que le fil rouge soit le moins évident possible. Récemment il a invité des amis en leur signalant qu'ils avaient en commun d'avoir chacun quatre filles. Moins trivial que de les rassembler d'un « vous êtes tous patrons de médias »... Ce sont leurs points communs familiaux qu'on a mis sur la table. Et l'un d'eux a envoyé la photo de ses filles avant d'arriver.

Si l'on n'invitait que les gens qu'on connaît, on ne rencontrerait personne

Une invitée de Félix Marquardt, qui a construit son métier de consutant touche-à-tout sur ses dîners, l'a appris en se penchant vers son voisin de table pour chercher un terrain de conversation commun. « Et vous connaissez Félix Marquardt comment ? – Mais je ne le connais pas. » Une journaliste se souvient d'avoir interviewé l'auteure Gaël Tchakaloff, avant d'être invitée à dîner quelques jours plus tard chez elle. « On s'est aperçu au cours du dîner que, de la dizaine d'invités, personne ne semblait vraiment la connaître. » Ni le communicant à la table, ni le milliardaire qui se piquait de vouloir faire de la politique, ni le patron de journal habitué des plateaux télé… À la sortie de la présentation de son livre, un jeune journaliste qui vient d'écrire une biographie des Balkany, est alpagué par Frédéric Saldmann : « Venez donc dîner chez moi, on a besoin de gens plus jeunes à la table. » Une auteure se rappelle avoir été invitée chez Laurent Dassault, qu'elle ne connaissait pas, par une connaissance commune. « Ils vous ont entendue à la radio, ils ont envie d'élargir leur cercle… » Les dîners sont l'occasion de faire son marché parmi les gens qu'on a envie de connaître. Les Macron, du temps de Bercy, invitent Fabrice Luchini à dîner après l'avoir vu jouer dans un film sur Flaubert. À leur table, des gens de théâtre, des écrivains, des acteurs, Michel Houellebecq ou Guillaume Gallienne, Cyrille Eldin ou Christian Hecq de la Comédie-Française[13]. On compose son plan de table à partir des sommaires des journaux et des génériques.

Certains cas d'espèce, encore engoncés dans leurs habitudes du siècle dernier, vous expliquent qu'ils ont refusé des invitations à dîner parce qu'ils n'ont jamais rencontré la puissance invitante. On l'a entendu l'été sur l'île grecque de Patmos, à propos des soirées de Santiago

Amigorena, le cinéaste et ex-mari de Julie Gayet, chez qui s'invite qui veut et peut. Certains disent qu'ils n'y vont pas parce qu'ils ne le connaissent pas… Comme si c'était un argument !

L'essentiel n'est pas de connaître mais de prétendre connaître

Luc, un cadre spécialisé dans les questions de développement durable, a été « convoqué à un dîner ». Des gens qu'il ne connaissait pas souhaitaient l'avoir à leur table, lui a dit un ami. Au dîner ce soir-là, quelques personnes ont déjà rencontré les hôtes, d'autres sont des inconnus comme lui. Il a passé une soirée « plutôt sympa », mais pas « vraiment sympa ». Quand on est convoqué, on se sent testé pendant la soirée. Est-on à la hauteur des espoirs des hôtes ? Quand le but d'une soirée est trop explicite, on s'y sent aussi à l'aise que lors d'un entretien d'embauche. Et puis, Luc s'est rendu compte « qu'on n'a pas envie de faire réseau avec des gens avec qui on n'a personne en commun ».

C'est la raison pour laquelle les puissances invitantes que vous découvrez tout juste vous prennent dans leurs bras à votre arrivée comme de vieilles connaissances. Ainsi vous oublierez que vous ne les connaissez pas. Moins on se connaît, plus on fait semblant de se connaître. Lors d'un dîner dont Giscard était l'invité d'honneur, l'ancien président s'arrêta devant un convive. « Écrivain, Verseau… », dit-il à voix haute, produisant un fort effet. Le président googlait avant google. On ne s'improvise pas proche. Une invitée d'un « dîner de copains » où se rendit François Hollande, alors président, avait été frappée : « De toute évidence, il avait révisé. »

On peut tester un invité qu'on ne connaît pas

Bien sûr, il y a une part de risque à inviter des gens qu'on ne connaît pas. Heureusement, le Bon Dieu a créé les déjeuners et petits déjeuners. « J'ai des amis extrêmement fortunés, avoue une lobbyiste, ils n'invitent jamais quelqu'un sans l'avoir préalablement testé au restaurant. »

Pièces clés du dîner en ville

Les anciennes stars sont facilement disponibles

« Les célibataires qui s'ennuient sont une proie formidable », explique un hôte. Il cite un célèbre romancier chroniqueur : « Il a 74 ans et ne supporte pas d'être seul. Il suffit de l'inviter à l'avance et il vient. »

Pour donner du cachet à un dîner, l'ancienne star peut être une actrice « délicieuse », qui ne joue pas si souvent. Quand les invités sont eux-mêmes d'un certain âge, ils ne songeront pas qu'il s'agit d'une ancienne vedette, puisqu'elle était à la mode pendant leur jeunesse et qu'ils ne se sont pas vus vieillir.

Les politiques viennent car ça peut toujours servir

« Il ne mangeait jamais seul : au petit déjeuner, à midi ou à dîner, il voyait toujours quelqu'un », raconte un portrait d'Emmanuel Macron en jeune énarque[1]. Les politiques ont l'habitude de dîner utile. Mais ils ont aussi celle de parler d'eux, on y reviendra.

L'artiste n'est maudit qu'en réputation

Le talent est une carte de visite, l'argent ne suffit pas. « Il y a à Paris des milliers de banquiers et ça se saurait si les dîners de banquiers entre eux étaient amusants », explique un écrivain qui mise sur le sien (de talent, pas de banquier) pour être réinvité.

Les patrons, les politiques, les avocats ont besoin d'artistes à leur table pour égayer l'atmosphère et afficher leur ouverture d'esprit. Et les artistes aussi ont besoin de les avoir à la leur. Leur survie dépend souvent de commandes publiques, alors les relations avec les politiques sont essentielles.

Quant aux collectionneurs susceptibles d'acheter leurs travaux, ils réclament une relation personnelle avec l'artiste. Un dîner fera l'affaire.

Jeff Koons est l'être le plus courtois qui soit, vous diront ses hôtes. Et contrairement à ce qu'on pourrait s'imaginer, la plupart des artistes, même maudits, se tiennent très bien à table. « Il ne manquerait plus que l'artiste morde… », apprécie un collectionneur.

Le décorateur gay met de l'huile dans la machine

Le décorateur gay, qui peut aussi être artiste ou commissaire d'exposition, est l'invité parfait. Il est gentil avec les dames, adresse un petit compliment sur la bague ou le foulard. Plus généralement, on compte sur lui pour s'amuser. Entendu : « Mon assistant est venu avec sa bande. Ils ont mis une de ces ambiances… »

Le journaliste alimente la table en derniers potins

Selon les années, on lui demande où est passée Cécilia Sarkozy, qui est le père de la fille de Rachida Dati et si Emmanuel Macron est gay. Il n'est pas mieux informé que le reste de la table, tient ses informations d'un copain dans une autre rédaction. Souvent, il se trompe. Mais ça ne l'empêche pas d'être réinvité. Un nouveau bruit en ville réclame son expertise.

L'invité multi-invité permet un *benchmarking* utile

L'invité très mondain est valorisant. Il parle du dîner de la veille et de celui du lendemain. Il permet aux hôtes de se faire une idée de la valeur de leur soirée par rapport à ce qui se tient et se dit ailleurs. Dans les dîners des Macron à Bercy, Brigitte fait mousser les moments qu'elle passe avec ses invités en leur parlant de ceux auxquels elle s'est ennuyée. « On a dîné avec Untel l'autre soir, c'était d'un ennui : on préfère vraiment être avec vous ! » Rien de tel que de se sentir choisi[2].

L'oracle montre le chemin

Lors d'un dîner chez une riche productrice, Alain Minc rassure Jean d'Ormesson et Stéphane Martin, le président du musée du quai Branly : cette crise économique dont tout le monde parle, il n'y croit pas, voilà bien un truc de riches qui jouent à se faire peur… On est en 2007. La crise des subprimes explosera quelques jours plus tard.

La jolie fille n'a pas de prénom

Comme dans « il est venu accompagné d'une charmante… », autant ne pas s'attacher trop vite à la nouvelle compagne d'un homme d'influence. On n'est pas tenu de mémoriser son prénom. Quelques semaines après le dîner, il est possible que son accompagnateur ne s'en souvienne pas non plus.

Les ministres de la Culture sont toujours disponibles

Jack Lang, Christine Albanel, Jean-Jacques Aillagon, Renaud Donnedieu de Vabres… Avant, pendant et après, les ministres de la Culture sont assez dîneurs. Logique, ce sont des hommes de culture : ils sont là pour chanter.

L'invité étranger nous fait sentir français

L'étranger à la table permet de se sentir français, de se laisser griser par un léger sentiment de supériorité culturelle, y compris face à des gens qui nous en imposeraient économiquement. Les prodiges de la Silicon Valley de passage à Paris en prennent plein la vue lorsqu'ils vont dîner chez Xavier Niel et Delphine Arnault[3]. « Nous avons la meilleure gastronomie du monde. Enfin, de notre point de vue... », disait Nicolas Sarkozy[4]. À l'invité étranger, on fait croire qu'une soirée exceptionnelle est typique de nos habitudes, que la France à table sera toujours la France. « Le domaine de la cuisine et plus généralement les bienséances sont tellement intériorisés – c'est l'idée que nous apprenons tous à manger depuis notre enfance – que tout comportement non conforme à nos habitudes paraît alors déplacé, voire "dégoûtant", "révoltant", "écœurant" (...). Au niveau de populations entières, la cuisine est donc "un moyen d'identifier l'étranger"[5] », a conclu l'anthropologue Anne Vega après avoir entendu dans les cuisines des ministères que l'étranger à table mangeait trop et parlait trop fort.

L'étranger met le paquet pour comprendre ce qu'on attend de lui dans ce cérémonial où rien n'est explicite. Quand Elaine Sciolino, ex-correspondante du *New York Times* à Paris, raconte ses efforts à un dîner parisien[6], on sent l'examen de passage qui lui conférera ses galons de Française honoraire. L'étranger à Paris aime que les choses soient un peu formelles, un peu ritualisées. Il est plus facile d'imiter des règles que d'avoir à les deviner. Le bon hôte lui fléchera discrètement les codes de la soirée. Après avoir fréquenté suffisamment de dîners, l'invité étranger deviendra volontiers un hôte étranger, et très souvent, il poussera encore plus loin le concept du dîner français.

L'invité incongru est à manipulation délicate

Entendu dans un dîner organisé par une Française à New York : « Vous savez qu'il est catcheur ? » L'hôtesse le précise, histoire que son originalité, sa tolérance, son goût pour la différence ne vous aient pas échappé.

Toutefois – on le sait depuis que les Giscard ont invité à la même table les Chirac et leur moniteur de ski –, trop d'ouverture d'esprit peut provoquer des retours de bâton. Une hôtesse a finalement regretté d'avoir invité un coach de tennis pour stars en même temps qu'un ancien ministre. Elle n'avait pas prévu que sa voix porterait autant, et surtout qu'il parlerait aussi souvent. Il était supposé participer au décor hétéroclite, pas monopoliser la parole ! Comment avait-il pu croire qu'il était invité pour parler autant de lui ?

Une personne à remercier peut se cacher parmi les invités

Le mélange des genres permet de noyer une corvée. « Mon mari devait inviter des gens ennuyeux pour ses affaires. Mélangés à d'autres gens, ils crurent qu'ils étaient reçus pour le plaisir », se félicite une maîtresse de maison... Les naïfs !

Mais qui sont ces ennuyeux qu'il faudrait avoir chez soi ? « Des gens qu'il faut remercier pour un service rendu, une faveur... Des fleurs, c'est un peu juste, alors un dîner... »

Les invités en disgrâce peuvent être les seuls à le savoir

En politique, la traversée du désert ou la retraite garantissent des invités de qualité. Jean-Louis Borloo ou Lionel Jospin, qui ne se sentent plus tenus par rien, font d'excellents convives.

Dans d'autres domaines, quand on est au creux de la vague, les invitations peuvent se tarir. « Mes invitations et la façon dont on s'adresse à moi à table montent et descendent en fonction de mon actualité professionnelle », observe la journaliste et auteure Colombe Schneck. Comme pour faire tourner une péniche, il peut y avoir une certaine inertie entre l'accident de carrière et le ralentissement des invitations, le temps que la nouvelle ait circulé dans Paris.

La seule façon de répondre à la disgrâce, c'est d'organiser à son tour des dîners. On vous appelle alors pour être sûr d'en être. On peut aussi se serrer les coudes entre personnes *off season*.

Les membres de la famille apportent l'ultime preuve qu'il s'agit d'un dîner privé

Lors des dîners de Patricia Barbizet, bras droit de François Pinault, des invités comme Jean-Noël Jeanneney ou Joseph Macé-Scaron retrouvent de dimanche en dimanche des membres de la famille de leur hôtesse.

Chez la fondatrice d'une agence de communication, c'est la mère que l'on voit à dîner chaque samedi, et les enfants parfois passent une tête. Glisser ses parents à sa table parmi ses invités signifie « voyez comme vous êtes ici chez moi » sans avoir besoin d'être équipé d'une cheminée dans le salon.

Même quand on vous dit que vos enfants seront les bienvenus, ils ne le sont pas

Si à la question des enfants, on vous répond « les nôtres ne seront pas là » ou « les nôtres iront se coucher tôt », cela signifie « venez sans les vôtres ».

Si en les découvrant, vos hôtes en disent autre chose, sachez qu'ils n'en pensent pas un mot. Entendu : « Je dis "oh quelle bonne idée" mais ils me fichent en l'air mon plan de table et ça devient un autre dîner. » Quant aux conversations, chacun sait que la soirée ne va pas démarrer tant que les gamins seront là, pesant sur les conversations même s'ils se tiennent bien. La question « ils sont où à l'école ? » n'appelle pas de réponse documentée, sauf s'il s'agit de l'École Alsacienne, auquel cas on pourra entendre la femme d'un ministre et un éditeur qui y ont leurs enfants regretter ensemble que l'établissement n'accueille plus que des « fils de ».

Une hôtesse l'avoue : « Je ne supporte pas les enfants… Mes petits-enfants, je les vois quand ça m'arrange… Oui, c'est vrai, quand ma fille était jeune, il m'arrivait de l'emmener dans les dîners. Mais elle ne bougeait pas. C'était comme un sac à main sur les genoux. »

Un père de famille, sur les genoux de qui son fils d'un an était venu s'asseoir à table, se souvient de Simone Veil notant factuellement devant lui : « À mon époque, ça ne se faisait pas. » Simple constat.

Si vous n'êtes pas censé apporter les vôtres, vous devez vous intéresser aux enfants de vos hôtes. Vous les avez devant vous et ils sont, comme les livres sur les étagères, des manières de vous signaler que vous êtes entré dans l'intimité des maîtres de maison, qu'ils ont après tout une vraie vie. Les filles d'une hôtesse préparent les desserts, écrivent les petits cartons portant les noms des invités, viennent dire bonjour. Et quoi qu'elles disent des enfants des autres, les puissances invitantes savent apprécier ceux qui lâchent des « comme tu as grandi », « mais en quelle classe tu rentres… », voire qui se souviennent des âges et activités périscolaires de la marmaille. Malheur à celui qui est déjà venu dix fois et n'a pas mémorisé leurs prénoms.

Les animaux des hôtes sont des personnes, pas ceux des invités

Les règles concernant les enfants s'appliquent avec encore plus de vigueur aux animaux de compagnie. On ne vient pas avec les siens mais on traite ceux des hôtes comme des royautés. On a déjà vu un chien se faire un lit dans le manteau Hermès d'une invitée. Quand son compagnon Jean-Christophe essaie à table de donner à manger en douce à l'une de leurs chiennes, le créateur Azzedine Alaïa intervient : « Ne lui en donne pas trop, elle ne rentrera plus dans rien[7]. »

Catégories de dîners particulières

« Faisons un dîner » : Le dîner-embuscade est un *blind date* amicalo-professionnel

Florence Foresti était fan de Jamel Debbouze mais convaincue qu'il l'était moins de son travail à elle, elle l'a dit devant quelqu'un qui connaissait Mélissa Theuriau, la femme de l'humoriste. Un ami a lancé l'idée : « Faisons un dîner… » Une réunion mettrait trop de pression. Un déjeuner obligerait à des conclusions. Un dîner permet de tester une alchimie. Parfois, le *matchmaking* est professionnel. Les dîners de Julie Gayet mettent en contact scénaristes et autres personnalités du cinéma.

Les Français concoctent ces dîners-embuscades comme les Américains s'appliqueraient à des *blind dates*. Lorsque Jacques Séguéla présente Nicolas Sarkozy et Carla Bruni lors d'un dîner, les deux célibataires sont habilement noyés parmi les couples : Séguéla et sa femme, Luc Ferry et sa femme, l'animatrice Péri Cochin et son mari. Tous en couple sauf deux. Chacun guette ce qui se trame. Nicolas Sarkozy tourne le dos à la femme de son hôte, c'est bon signe.

Pour monter un dîner-embuscade, il est courant d'avoir accès à des courtiers en dîners. François Hollande avait très envie de rencontrer Jean d'Ormesson. Valérie Trierweiler, alors sa compagne, fait passer le message à Jean-Marie Rouart qui écrit comme elle dans *Paris Match*. En avril 2012, les voilà invités à dîner avec l'écrivain Florian Zeller et sa compagne l'actrice Marine Delterme[1].

Le dîner du monde de l'art offre autant de valeurs sûres que d'excentriques

Depuis une trentaine d'années en France, l'artiste chinois Yan Pei-Ming reçoit dans son immense entrepôt. Dans ses dîners, peuvent se croiser Jean Reno, Dominique de Villepin, toujours très en verve, et un commissaire du Louvre. Bien sûr, un artiste n'accueille jamais dans un F3 meublé chez Ikea. Olivier Urman, artiste et compositeur de « musique post-bourgeoise », reçoit dans un décor délirant : la baignoire est en peluche, le pommeau de la douche porte un crucifix. Oui, les invités se souviennent de la salle de bains puisque les dîners peuvent s'y tenir. La dramaturgie a été soignée : on commence par aller choisir son verre parmi une véritable collection. Un autre soir, chacun peut prendre le casque qu'il a sous son siège pour écouter la musique qui lui est réservée.

Chez les galeristes, en revanche, les rassemblements du monde de l'art se singularisent autant par les fortunes qu'ils aimantent que par leur créativité. L'art donne de l'allure, ses chevaliers bling-bling « déplacent des coffres-forts », écrit Bertrand de Saint Vincent à propos de Jeff Koons, Takashi Murakami, Damien Hirst[2]. « Une bombe là-dessous et on perdrait la moitié du CAC-40 », entend-on du dîner de la Brafa, la foire d'art de Bruxelles.

Les dîners du monde de l'art ne peuvent pas rassembler uniquement des collectionneurs milliardaires dont on espère faire jaillir la générosité. Pour la caution culturelle, il faudra quelques artistes, un conservateur, un critique... Et pour rassurer quant au risque de parier autant sur des valeurs incertaines, on ajoutera des gens qui savent compter, défiscaliser, et dont la présence signale que si on se trompe, c'est au moins collectivement.

Les hôtes comme les invités et les artistes savent très bien que les gens à leur table ne sont probablement pas acheteurs, ils sont venus pour l'originalité du plateau, pour l'agrément des jolies femmes. Quant à ceux qui investissent dans l'art, ils attendent d'avoir accès à tout ce qui va avec.

La comparution de l'homme politique du moment décide des valeurs montantes

Autrefois, le petit monde parisien pouvait se retrouver pour tester un nouvel ambassadeur (Pamela Harriman ou Felix Rohatyn pour les stars américaines à Paris) et vérifier au dessert qu'il soit suffisamment disert.

C'est un dîner de comparution auquel est invité l'homme politique en vogue, de Villepin en son temps à Macron plus récemment. Soluble dans le format du dîner parisien, il a l'esprit alerte, aime les histoires fines et s'avère doué pour le ping-pong verbal. On n'y croise pas Xavier Bertrand ou Thierry Solère mais on y fait plus grande connaissance avec des hommes aux réputations littéraires comme Villepin, Juppé ou Bruno Le Maire. On apprécie, comme pour Raffarin autrefois, qu'ils puissent parler de tout et n'importe quoi comme à un grand oral.

Les dîners post-attentat permettent de se dire qu'on fait front

Il est tacitement interdit d'annuler un dîner pour cause d'attentat. Le maintenir, c'est montrer qu'on fait de la résistance.

Malgré les années, le grand patron Pierre Bergé restait sensible à la date de son anniversaire. Pour ses 85 ans, à l'automne 2015, une salle de spectacles parisienne a été réservée pour 300 personnes, des invitations envoyées, des célébrités mobilisées. Sur le plan de table, il s'est placé « entre François et Julie ». Le président Hollande doit venir à cette soirée d'anniversaire prévue le 14 novembre. Le lendemain des tragiques attentats parisiens, il n'en est plus question. La soirée est annulée, les merveilles du traiteur abandonnées… Enfin presque toutes. Une quinzaine de proches sont invités à dîner dans la salle d'un restaurant fermé. Quinze personnes affreusement tristes, se retrouvent, conversations en berne, un seul sujet à l'esprit. Les attentats nous minent mais ne doivent pas nous empêcher de continuer nos dîners.

Dans les jours qui suivent, le président François Hollande est encore l'invité d'un autre dîner de copains. Tout le monde s'attend à une annulation. Un sms arrive le matin sur les téléphones. « Le dîner est maintenu. » Les convives oscillent entre la joie curieuse qu'est l'occasion d'approcher le président, et un vague embarras à l'idée qu'il n'ait rien d'autre à faire que d'« aller chez des potes ». Il est comme eux, finalement. « Dans un moment où l'extérieur devient hostile, le dîner est un sanctuaire », résume le sociologue Stéphane Hugon.

Même période toujours, une communicante se souvient de sa soirée du 19 novembre 2015. Du bureau, elle a envoyé des textos. « Je vous propose une soirée beaujolais saucisson vin rouge » chez Roger, le boui-boui en bas de chez elle. Du saucisson, oui. Parce que c'est comme ça, s'est-elle convaincue, qu'on répond au terrorisme islamique. « J'ai invité toute la table d'une soirée prévue au Bristol... » Ils se sont retrouvés à quarante. Elle avait prévu une playlist anti-attentat. *La Marseillaise* bien sûr, en ouverture, que tous les invités ont chantée et qui a cloué le bec aux voisins qui auraient pu trouver la soirée bruyante. Et du Michel Sardou, du Joe Dassin, du Johnny... Des invités lui ont dit qu'ils s'étaient plus amusés qu'avec Éric Frechon au Bristol. Daech ne va pas en mener large si la France répond à des attentats par des dîners.

La blanquette de veau et le petit salé aux lentilles, c'est notre plan de survie. Dans son livre *Si je mens*[3], Françoise Giroud évoque ses souvenirs de l'Occupation et voit dans l'obsession des repas la marque française d'une « aptitude extraordinaire au bonheur ». « Il n'y a pas un pour cent de la population qui se soit engagé dans la Résistance, mais il y en a cinquante pour cent qui auraient risqué leur peau pour un kilo de beurre... » Cette obsession de la nourriture l'a longtemps exaspérée. Avec l'âge, elle a compris que « si les Français restaient parmi les gens les plus fréquentables et les moins malheureux, c'est parce qu'ils savent se rendre heureux deux fois par jour avec un plaisir auquel ils sont extrêmement attentifs ».

« Les meilleurs dîners, ce sont les soirs de grève ou de grand drame dans le monde : tu es sûr que les gens vont revenir à l'essentiel », résume une hôtesse.

Quand on a apprécié un dîner, il est aussi tentant que malvenu de vouloir reproduire la chaleur de la soirée en réinvitant exactement la même tablée. C'est un peu comme retourner sur des lieux de vacances extraordinaires en ayant vieilli : la garantie d'une déception. Celui qui invite exactement la même tablée en match retour non seulement risque de ne produire qu'une mauvaise copie du premier dîner, mais fera en outre l'unanimité sur son manque d'imagination et la pauvreté de son réseau. Quand des hôtes avouent en grinçant qu'ils n'aiment pas « les sens uniques », cela ne signifie pas qu'ils attendent la même invitation en retour, mais qu'ils espèrent qu'à eux aussi on présentera « des gens », si possible intéressants. Sinon, « c'est je prends tout ce que je peux gratter chez toi sans rien donner en retour », déplore une hôtesse.

Attention, le « rendu » n'est pas nécessairement le signe d'une grande amitié naissante ; il peut aussi bien servir à solder des comptes. « J'ai dit à ma femme, "maintenant, tu n'acceptes plus rien d'eux"... »

Vous n'êtes pas obligé de rendre une invitation pour garder votre place dans le grand manège des dîners en ville. On peut trouver d'autres façons de renvoyer l'ascenseur. Parfois on retourne la politesse par une invitation à l'Opéra ou à la Comédie-Française. D'autres organisent une grande réception ou une fête une fois l'an pour remercier par grandes pelletées tous ceux qui les ont invités dans l'année. Attention, une invitation au restaurant ne marque pas autant de points qu'une invitation chez soi.

Le rendu est un grand moment d'injustice pour ceux qui reçoivent trop bien. Comme le note Élodie Piège, l'épouse du chef étoilé, « personne n'ose nous inviter ».

Plutôt qu'un rendu, parfois, un groupe se forme sans que la puissance invitante en soit à l'initiative. En 2016, pour leur deuxième dîner d'État, les Macron sont invités à l'occasion de la soirée donnée pour la reine Maxima des Pays-Bas. À leur table : Jean-Pierre Jouyet, le conseiller de Hollande, et son épouse Brigitte Taittinger, Stéphane Bern, François Cluzet et sa femme, le milliardaire Marc Ladreit de Lacharrière. Puisque le protocole élyséen a baptisé la table « Van Gogh », le petit groupe qui s'amuse tant se reverra « en alternant chez les uns et les autres des dîners appelés bien sûr du nom du peintre[4] ».

Le dîner de classe n'est pas très classe

Félicité Herzog se souvient d'un de ses premiers dîners. Jean d'Ormesson était venu la voir : « Tu es maintenant dans le monde… » Par quels dîners commencer ? Dans certains quartiers parisiens, les plus jeunes peuvent faire leurs premiers pas avec les « dîners de classe » qui consistent pour les parents ayant leurs enfants dans certains grands établissements scolaires à recevoir un groupe de grands ados à dîner, en compagnie parfois du prof principal[5] et de quelques autres enseignants. Les enfants tiennent là l'occasion de s'initier aux rituels des dîners dans lesquels on peut faire comprendre d'où l'on vient. Le repas se termine par une photo qui permettra de confondre dans une vingtaine d'années ceux qui voudraient avoir des carrières politiques adverses.

La tradition des dîners de classe permet aussi aux ados de les invoquer pour se retrouver dans des cadres échappant au contrôle des adultes. Un grand établissement parisien a dû prévenir les parents : « Il n'y a officiellement pas de dîners de classe, les événements auxquels les jeunes se donnent rendez-vous ne sont pas forcément des dîners et ce qui s'y passe n'est en tout cas certainement pas très classe. »

DEUXIÈME ÉTAPE

Choisir son nombre, choisir son jour, inviter par réajustations successives, décliner en souplesse

La puissance invitante

Madame invite

Il y eut à la grande époque les dîners de Colette Taittinger, ceux de la comtesse Jacqueline de Ribes, de Marie-Hélène de Rothschild ou de São Schlumberger.

En 2017, les trois quarts des femmes travaillent, les gays peuvent se marier, la société française a changé. Pourtant, lors des dîners en ville, ce sont encore des femmes qui, officiellement, reçoivent. En 2017 encore, on parle des « grandes hôtesses ».

En coulisse, il y a pourtant bien une répartition des rôles chez un couple qui reçoit. Elle s'occupe du poulet, il ouvre le foie gras. C'est tout un ballet. Il sert le vin, elle anime la conversation. Ailleurs, c'est elle qui fait la cuisine, lui qui gère le plan de table. « Quand on est génial, c'est une histoire de couple », admet une hôtesse. Et pourtant, dans l'imagerie collective, cela reste la femme qui reçoit.

Il y a celles dont on commence par vous préciser

de qui elles sont les épouses : Suzanna Flammarion, femme d'Alain, Marie-Laure Buisson, mariée avec l'avocat Gilles August, ou Thora Mahdavi qui avant d'être décoratrice est d'abord présentée comme la dernière femme de Bernard Giraudeau… Jean-François Piège est un chef multiétoilé mais on vante les dîners d'Élodie.

Quand les grands patrons reçoivent, si ce ne sont pas leurs épouses qui envoient les invitations, ce sont leurs super-communicantes, qui parfois même recevront chez elles.

Quant aux hommes qui reçoivent très bien, on chuchote dans leur dos que c'était parfait mais… Souvent, il manque quelque chose, selon une hôtesse. « Ils ont des idées reçues sur la perfection, font appel à des chefs, mais ça n'est pas tout… comment dire, l'ourlet n'est pas fait. »

Le nombre magique

« Le nombre parfait, c'est combien ? » Apprenant qu'un livre se prépare sur le sujet, ils sont nombreux à demander si l'on aurait appris au passage l'existence d'un nombre parfait d'invités.

Si les invités sont peu nombreux, il faut compenser par leur QI

Entendu : « Six personnes, c'est court, sauf si ce sont des gens très intelligents. » L'exception s'applique aussi aux gens très riches ou très puissants. Le dîner avec très peu d'invités exprime la confiance qu'on a en la valeur de sa table.

Le nombre de dîneurs idéal est inversement proportionnel à l'âge

« Je refuse les dîners où il y a plus de six personnes », assure l'ancien ministre de la Culture Jean-Jacques

Aillagon. Les dîners sont beaucoup plus sympas quand on ne dépasse pas huit, peuvent vous assurer des gens qui invitent souvent quinze personnes. Plus on est âgé, plus on apprécie les cercles restreints. « Ma fiancée m'a fait découvrir les dîners à six », s'exclame un fils de pub qui ne se rend pas compte qu'il vieillit.

On « dîne avec » jusqu'à huit

À huit personnes, « on peut encore être dans l'affectif » et vous pouvez donc considérer avoir rencontré les personnes qui étaient à la même table que vous. Comme le résume une autre dîneuse, « à six ou huit, tu peux dire que "tu *as dîné avec*" quelqu'un. Quand c'est plus "tu *as été à un dîner chez*" quelqu'un ». Ceux qui ont été conviés dans les appartements des Macron du temps de la conquête du pouvoir du ministre de Bercy se souviennent de dîners à huit personnes maximum. Intimité garantie. Quitte à organiser deux fournées de mondanités successives par soirée[1].

Si on doit être huit, mieux vaut être neuf

Traditionnellement, le bon nombre, c'est neuf, explique le sociologue Michel Maffesoli, qui le dit mais ne le respecte pas. Est répandue l'idée qu'un nombre impair dynamisera la conversation. Comme un jury, se dit-on, une table impaire ne se coupera pas en deux.

Personne n'invite 14 dîneurs

Si on est 14, c'est parce qu'on devait être 15. Inviter 14 personnes vous fait courir le risque de vous trouver 13 à table. À 13, on va vite chercher quelqu'un d'autre, comme lors de ce dîner organisé à l'ambassade de France au Honduras où, réalisant qu'il y avait 13 invités, on assit rapidement une employée de maison à la table.

Un soir, chez une productrice de télévision, un invité met du temps à se garer et voilà qu'on est 13. « L'un d'entre nous va mourir cette année ! », s'écrie une convive. On lui propose une petite desserte séparée, rien n'y fait. Elle quitte le dîner. Il se trouve qu'un des invités est décédé quelques mois plus tard : l'événement n'était pas statistiquement extravagant vu l'âge des convives, mais a plombé le souvenir de la soirée. La faute de goût, conclut l'hôtesse, ce n'est pas de se trouver 13 à table, mais d'être la sorcière qui le fait remarquer.

On invite toujours plus que ce que l'on estime le nombre idéal

S'ils sont aussi nombreux à penser que les meilleurs dîners se limitent à six ou huit personnes, on peut se demander pourquoi les dîneurs se retrouvent souvent une dizaine ou plus à table. Le nombre idéal, c'est huit, me dit quelqu'un chez qui on est toujours plus. « Je suis obsédé par le couple qui se décommande en dernière minute… Et six ce n'est pas assez. Alors je surbooke des gens en pensant qu'il y aura des annulations et parfois tout le monde est là. » Le dîner a aussi son économie, avec ses coûts fixes à étaler sur autant d'invités que possible. « La femme est un peu paresseuse et regarde plus au portefeuille », explique un homme qui se croit plus sociologue que sexiste, « si elle invite quatorze personnes, elle amortit l'effort qu'elle a fait, de celui des fleurs à la préparation du dîner, sur un plus grand nombre… »

L'énergie pour préparer un dîner à six, est la même que pour un dîner à huit, souligne aussi Jean-Christophe Laizeau, ancien journaliste mondain et attaché à la communication des champagnes Ruinart. « S'il y a des gens à qui vous devez des invitations, vous n'aurez pas à les multiplier… » À table avec plus de dix personnes, sachez que vous faites partie d'un effort d'amortissement.

Le grand buffet permet de s'assurer que tout le monde est là

Le grand buffet est l'aboutissement de cette logique. « Un millier de personnes pensent sans doute être le meilleur ami de Jacques Attali. » C'est l'une d'elles qui a fait ce calcul. Pressé par tous les gens à voir au fil de la journée, Attali est un invité pressé, est en retard à ses déjeuners, regarde sa montre, repart avant le dessert quand il n'arrive pas pour le dessert. On ne peut pas compter sur lui pour mettre de l'ambiance. Mais cette course à vivre cinq ou dix vies à la fois provoque des dîners formidables. Car il invite tout le monde, tous ceux qu'il aurait voulu voir, ceux qu'il doit remercier, ceux qu'il voudrait découvrir. Chez Attali, c'est avec une vingtaine d'invités que l'on se retrouve au buffet pour un dîner d'abeilles où l'on butine un peu partout. « Tu reviens hyper épaté. Pas par le buffet, par les gens… »

Un grand dîner n'en remplace pas quatre petits

Le financier Christian Langlois-Meurinne reçoit généralement une douzaine de personnes. Quand c'est plus et que les convives se retrouvent dispersés à trois ou quatre tables, certains se plaignent (pas au point de ne pas venir) – « Il y a trop de monde… » – convaincus en fait que leur hôte s'arrange pour rendre la politesse à plusieurs personnes à la fois. Tous les invités n'apprécient pas ces « dîners industriels » où chacun se convainc qu'il n'est pas à la bonne table. « C'est de l'abattage… » Mais les mêmes se vexent quand ils n'en sont plus.

Pour effacer le bruit du grand nombre, le dîner peut se présenter « autour de » quelqu'un. Azzedine Alaïa organise un dîner chez lui en l'honneur de la nomination de Laurence des Cars à la tête du musée d'Orsay. Chez Félix Marquardt, c'est Steven Erlanger, alors correspondant du *New York Times*, qui est l'invité d'honneur. Les yeux sur l'invité vedette, on est supposé oublier qu'on est une cinquantaine.

Le choix du jour

Toujours inviter le même soir

Si l'on veut entrer dans la galaxie des tables mythiques, il importe de choisir son soir et de ne pas en changer. France Roque a ses jeudis, Valérie Solvit ses samedis, Jacques Attali et Patricia Barbizet leurs dimanches… Garder le même jour, c'est s'institutionnaliser. Daniel Buren ne serait jamais devenu une star s'il avait peint des rayures un jour, de l'écossais le lendemain.

Le rendez-vous hebdomadaire vous fait entrer dans la légende des dîners. Chacun peut mesurer sa cote à la bourse des valeurs des dîners en fonction de la cadence des invitations chez vous.

Le samedi soir est trop attendu

On ne fait ses dîners en ville ni les vendredis, ni les samedis, ces soirs-là sont « pour les amis », les vrais.

Parce que plus on fait de dîners mondains, plus on a besoin de dîners d'amis pour se ressourcer.

À choisir, « le vendredi, c'est un peu moins plouc ». Le samedi, avec ce qu'il suppose de petits plats dans les grands, et d'attentes festives, ne peut être que décep-tif. Un peu comme un réveillon moyen. Le médiocre dîner du samedi soir doit s'excuser de retenir à Paris des gens qui auraient pu aller s'aérer en Normandie… « Les dîners les week-ends, c'est glauque », entend-on même. Un bon dîner, « c'est un truc auquel on ne s'attend pas… ». Le samedi soir est tellement convenu, « tu connais le chemin, tu sais ce que tu vas porter… c'est samedi, t'es dans une ambiance de samedi, ça n'a aucun intérêt. »

Le dimanche soir vous catapulte parmi les intimes

Essence même de l'intimité, le déjeuner ou le dîner du dimanche a toujours été un attribut du pouvoir. Dans les années 1960 et 1970, c'est le dimanche que Pierre et Hélène Lazareff recevaient à Louveciennes Maria Callas ou Marlon Brando, Henry Kissinger ou Martin Luther King[1].

Le dimanche, c'est « retour de campagne ». Les convives sont encore détendus par le week-end, et on s'invite un peu plus tôt par égard pour le lundi matin. Le dimanche soir, on prolonge un moment en famille. Être invité chez quelqu'un ce soir-là, c'est le signe qu'on met un pied de plus dans la sphère privée. « Avant, on jouait au bridge le dimanche, je me suis dit que ce serait sympa de prolonger par un dîner amical et familial », explique Patricia Barbizet[2]. « C'est moins formel qu'au restaurant, les invités se sentent libres de passer et de repartir quand ils veulent », dit-elle de ce « rituel, un rendez-vous d'amis qui aiment se retrouver de manière simple et conviviale[3] », « six à huit personnes pour un "dîner en pull-over"[4] ». C'est aussi le dimanche soir qu'a choisi Jacques Attali pour les dîners et buffets barbecues qu'il organise depuis trente ans et où l'on peut croiser Carole Bouquet, Matthieu Ricard ou Anne Lauvergeon.

Parce qu'ils placent la barre formelle moins haut, les dîners du dimanche sont inratables. Le dimanche, tout est acceptable.

La semaine s'entend hors lundi

Recevoir en semaine vous met plus à l'abri des refus. Et cela peut aussi être un signe d'aisance, la preuve qu'on a une épouse ou du personnel pour aider. Mais on évite le lundi.

« On commence la semaine débordé. On n'a pas envie d'avoir un dîner dès le début de la semaine », explique Patricia Goldman. Elle invite une fois par mois chez elle entre le mardi et le jeudi.

Et puis, invité un lundi soir, on peut craindre que les produits ne soient pas frais, les commerçants étant fermés. Parce qu'on achète sa viande chez un boucher et son fromage chez un fromager, on ne va quand même pas faire ses courses dans une grande surface.

Personne ne sait pourquoi le mercredi soir n'est pas un bon soir

Les embouteillages de dîners ont lieu le mardi et le jeudi soir dans Paris parce que les gens prennent leurs voitures. Le mercredi ? Non, pas autant. Pourquoi ? Personne ne le sait.

Le jeudi soir est le nouveau vendredi soir

Le jeudi soir est le nouveau vendredi soir, assure une fromagère de Saint-Germain-des-Prés qui voit ses clients vouloir « se garder le week-end », autrement dit ne pas le brader avec des pseudo-amis. Pendant une quinzaine d'années, France Roque, éditrice et directrice de la communication de *L'Obs*, a reçu chez elle le jeudi soir. « Le week-end, les gens ne sont pas là. Le jeudi, ils sont plus détendus, le week-end approche. »

Lancer l'invitation

Trouver une date ne sera pas facile. Au moment de lancer une invitation, il est de bon ton de pester en cherchant la meilleure soirée disponible. « Entre les business trips, ceux qui sont devenus belges, ceux qui habitent au Portugal… Plus personne n'est parisien… »

Les mondains ne font pas de Doodle

Ils n'utilisent pas cet outil contemporain d'optimisation de rendez-vous qui a la bêtise de faire croire aux invités que chacun pèse le même poids dans la quête de la date optimale. Pourquoi prétendre que chaque avis compte quand seuls quelques-uns importent à nos yeux ?

Tout le monde n'a pas été invité le même jour

Papesse du savoir-vivre à la fin du XIXe siècle, auteure de plusieurs best-sellers sur le sujet, la baronne Staffe recommandait d'inviter huit jours à l'avance. En 2017, on s'invite volontiers trois semaines à l'avance. Pas plus. Trop tôt, les gens auraient l'impression d'être bloqués. Sait-on jamais, si une offre plus séduisante surgissait... Encore un problème de Fomo, *fear of missing out*, la peur de passer à côté de l'invitation majeure.

Les invités ne sont pas conviés simultanément. On sonde et on ajuste sa liste au fur et à mesure. « Il y aura Lionel Jospin... » Une communicante ayant appris qu'un jeune patron français passait désormais ses vacances au même endroit qu'elle tente de le ferrer dans un de ses dîners. « Que des morts », commente-t-il à portée d'oreille en déclinant. Les premiers noms jetés peuvent attirer ou repousser. Il y a à Paris des gens qui ne veulent pas se rencontrer, des prudences, des allergies connues. Alors on invite en algorithme, si A répond non, on passe à B.

Parfois, on vous appelle la veille, sur un ton un peu désolé. « On fait un truc au pied levé... » L'invité du matin pour le soir feindra de ne pas se douter qu'un autre convive s'est probablement décommandé.

En invitant à la dernière minute, on teste l'attrait qu'on exerce sur ses convives. Est-on capable de les forcer à renoncer à tout ce qui était dans leur agenda ? Entendu d'une hôte célèbre pour ses invitations de dernière minute : « Les gens aiment venir chez moi. Ils s'arrangent. » Le vrai signe du pouvoir, c'est de ne pas avoir besoin de placer des coups de fil pour vérifier la disponibilité des invités, parce que pour vous, ils le sont tout le temps.

Parmi ceux qui peuvent inviter quand ils veulent, les grands chefs comme Jean-François Piège – deux étoiles, star de « Top chef » – et son épouse Élodie chez qui on peut croiser Nagui, Bénabar ou le chef pâtissier Christophe Michalak, « et en prime, c'est délicieux », se dit-il. « Quand on invite, très peu de gens refusent », admet-elle.

Les invités hameçons s'emploient discrètement

À l'exception du dîner « en l'honneur de », jamais on ne fait formellement mousser la présence d'un invité vedette, elle est supposée être naturelle. L'invité trophée ne figure pas en copie du mail, encore moins dans le corps du message. Mais pour en ferrer d'autres, rien n'interdit d'utiliser ces hameçons à l'oral. « Si vous êtes libres le 19, Françoise Nyssen pourra être là »... Sous-entendu, pour moi vous n'êtes pas libre, mais la ministre de la Culture mérite un petit ménage dans son agenda. « Vous allez vous marrer, il y a Untel... » On le fait par téléphone, l'air de rien, ou dans un e-mail séparé, feignant de parler de choses et d'autres. On mentionne dans la conversation la présence d'un homme de pouvoir, d'un beau gosse, d'une très jolie Brésilienne... « On m'a envoyé un e-mail disant qu'il y aurait Isabelle Huppert. Ça a marché, au fond, ça m'amuse beaucoup de la rencontrer », avoue une grande fortune.

Pour ne pas prendre de risques, on invite à « une dînette »

La dînette, c'est le mot magique qui vous accorde de l'espace et toutes les excuses possibles. Celui qui se méfie des dîners se laissera convaincre par une « dînette », autrement appelée « un truc tout simple », où l'on va parfois jusqu'à promettre que l'on mangera « des restes ». Invité à « une dînette », on pourra partir tôt, les invités ne se formaliseront de rien, on pourra même mal manger en toute amitié. Pour varier, on pourra aussi parler de pique-nique. Comme dans « vous venez pique-niquer à la maison samedi soir ? » L'expression s'emploie de préférence lorsque le pique-nique a lieu dans un appartement du XVIe arrondissement de Paris.

Annoncer que l'on va donner une dînette et sortir le grand jeu est le meilleur moyen d'éblouir ses convives. À un journaliste qu'il reçoit pour un entretien, Félix Marquardt propose de se revoir le soir même pour un « petit dîner ». Il tombe ainsi sur une magnifique réception où se croisent le boxeur Jean-Marc Mormeck, l'ancien ministre Bernard Kouchner et le graffeur Oeno[1]. Le journaliste doit encore se demander qui il rencontrera chez lui le jour où il sera convié au grand dîner.

On évite l'invitation collective par e-mail

L'invitation collective par e-mail vous condamne à choisir entre deux mauvaises options : annoncer ou pas la liste des autres invités. À faire figurer les noms de tous les invités en copie, on n'est pas loin de la convocation d'un conseil d'administration et tout le monde pourra savoir qui n'a pas eu envie de venir. Mais, avantage à connaître les noms des uns et des autres, on aura le temps de trouver un prétexte pour échapper à telle présence, voire de se documenter sur les invités. Quand les noms sont cachés, on prive les invités de la possibilité de se googler les uns les autres avant de se présenter chez leurs hôtes. Dans ce cas, on ne demande jamais la liste des autres dîneurs pour faire son choix, on lâche un plus générique « on sera nombreux ? »

S'il faut un e-mail collectif, on l'envoie au dernier moment, sous prétexte de confirmer. Patricia Goldman reçoit une fois par mois chez elle. Elle lâche les noms des invités dans le dernier e-mail d'invitation. « Je préfère que mes invités aient pris le temps de se renseigner sur les autres et qu'ils puissent poser les bonnes questions… »

Un coup de fil plutôt qu'un bristol

L'idéal est donc de prendre la température par un coup de fil ou un texto. Il permet de sonder sur la date, le choix des invités… et d'ajuster en fonction des premières réactions. Le pour-mémoire et/ou l'invitation formelle suivront.

« Si l'invitation n'est pas soignée, on se dit que le vin sera acide et la nourriture misérable », promet Lady

Elizabeth Anson, cousine de la reine d'Angleterre, qui organise aussi bien des festivités royales que les dîners de Tom Cruise. Mais rares sont ceux qui envoient encore leurs invitations sur papier.

On envoie un pour-mémoire aux vieux, un *save the date* aux jeunes

Le « pour-mémoire », une communicante l'a repéré dans les invitations des déjeuners de Chanel. *Un pour-mémoire suivra...* « Je regarde comment ils font pour faire pareil... » Bien souvent, les pour-mémoires électroniques ont remplacé les belles cartes dont on craint qu'elles nous fassent passer pour d'affreux prétentieux. Pour montrer que leur côté informel n'est pas à mettre sur le compte d'un manque d'éducation ou de moyens, certains utilisent leurs belles cartes qu'ils n'ont plus l'occasion d'employer, en barrent les M. et Mme et griffonnent quelques mots minimalistes à la place, une invitation à « une dînette » ou un mot sur la tenue décontractée... (qui annonce l'inverse).

Un *reminder* le jour même avec un argument logistique

Le *save the date* est indispensable pour les plus organisés et les plus sollicités. Il ne faut pas oublier de confirmer la confirmation.

Le matin même du dîner, arrive un petit sms ou un e-mail sous prétexte d'un détail pratique. « Si vous avez oublié le code… », « Attention, la rue est en travaux… » Comprendre : « Je sais que depuis que vous avez un agenda électronique, vous oubliez de reporter une invitation sur deux et vous avez déjà sans doute oublié la mienne. »

Accepter immédiatement pour pouvoir dire non ensuite

« L'homme vraiment libre est celui qui refuse une invitation à dîner sans donner d'excuse. »

OSCAR WILDE

Quoi que l'on compte répondre à une invitation, la règle est de ne pas hésiter trop longtemps. Si une opportunité plus intéressante survient ensuite, on annulera en toute bonne foi si l'on a dit oui immédiatement, plutôt que d'avoir hésité, l'air de rester ouvert à une proposition plus excitante.

Si l'on ne connaît pas encore sa disponibilité, dans le doute, on prend. « Une invitation à un dîner, c'est comme une place de théâtre », explique une écrivaine parisienne. « Même si a priori, on s'attend à s'ennuyer, avant il y a toujours un espoir quand même... Il peut toujours y avoir une étincelle, une bonne surprise... On espère, comme quand on va au théâtre. » On dit oui parce qu'on n'a pas de vraie raison de dire non. « C'est très éprouvant d'avoir tous les soirs un dîner, mais aucune femme seule, si haut placée soit-elle, ne peut se permettre d'être mal élevée au point de n'accepter que les dîners intéressants », déclarait dans les années 1970 la comtesse Madeleine de Montgomery[1].

Un demi-oui ne fera pas plus plaisir qu'un vrai non

Si on accepte, on accepte vraiment. « Si vous ne venez pas, prétextez un mal de tête mais si vous venez, faites bonne figure », dit une hôtesse. Il est plus élégant de dire non que de venir à reculons.

Si l'on n'est pas certain d'accepter, il ne faut poser aucune question sur le dîner. Cela pourrait donner l'impression que vous vous êtes décidé en fonction de l'affiche. Une directrice de salle de ventes se souvient du directeur du musée d'Orsay appelant pour demander qui seraient les invités d'un dîner, avant de se décommander. C'est bien évidemment malotru, et pour la même raison on ne demandera en aucune façon ce qui sera servi à table.

Toujours assumer son annulation

Ce n'est pas parce que les sms et les e-mails ont rendu les annulations beaucoup plus faciles qu'il faut y avoir recours. « Ceux qui aiment faire plaisir à tout le monde disent oui à toutes les invitations sachant inconsciemment qu'ils pourront faire marche arrière plus tard. Les gens se sentent libres d'annuler des proches parce qu'ils comprendront et des amis lointains parce qu'ils ne comptent pas tant que ça », écrit le chroniqueur David Brooks à propos de ces gens qui se sentent autorisés à se décommander alors que la table est déjà mise. Reste le tiers du milieu vis-à-vis duquel on se sent vaguement engagé[2].

Quitte à annuler, un trait d'esprit sera plus élégant qu'une excuse fictive. On cite cet ami du mondain Gabriel-Louis Pringué, qui, pour refuser une invitation avait envoyé le télégramme suivant : « Impossible venir. Mensonge suit par lettre[3]. » Convié en janvier pour un soir de mai, Paul Morand aurait répondu : « Désolé, je ne pourrai pas venir. J'aurai ce jour-là un grand enterrement[4]. »

Les annulations sont acceptées de la part de ceux qui, le jour où ils viendront, seront des invités exceptionnels. André Bercoff a la réputation d'accepter toutes les invitations à dîner pour décider au dernier moment de celle qu'il honorera, mais il reste invité parce que, lorsqu'il est là, il remplit son rôle à merveille.

Les grandes salonnières se targuent toujours d'accepter les annulations avec bienveillance. La rencontre du matin, le coup de déprime qui fait que sortir devient un cauchemar… « C'est comme ça l'être humain », lâche une hôtesse magnanime. Elle répond comme beaucoup d'autres à l'invité discourtois qu'elle comprend « très bien ». Rien ne lui indique qu'il risque de ne jamais être réinvité.

TROISIÈME ÉTAPE

Réussir son entrée

Le dîner parisien hors les murs

Un dîner parisien n'a pas besoin d'être à Paris.

Plus on fait de kilomètres hors de Paris, plus un dîner marque de points. « Comme je travaille beaucoup et que mes déjeuners et souvent mes dîners sont du travail, une fois par semaine j'invite à Louveciennes des gens que j'ai envie de rencontrer », expliquait Pierre Lazareff à propos des célèbres déjeuners dominicaux qu'il donnait avec sa femme[1].

Le même raisonnement s'applique aux dîners en ville… à la campagne. En Normandie, dans le Perche ou dans le Luberon, au Cap-Ferret ou à l'Île de Ré, on quitte Paris pour s'inviter entre Parisiens et se réjouir entre Parisiens du plaisir qu'il peut y avoir à quitter Paris et son entre-soi.

Les dîners en vacances sont la bouée de ceux qui s'ennuient

Heureusement d'ailleurs que dans ces contrées lointaines tous ces dîners nous attendent le soir. À quoi s'occuperait-on sinon, à la campagne ou si loin de Paris ? « En Normandie, je prends tous les dîners », avoue une mondaine, « c'est toujours marrant... » À Arles, on les appelle les Parlésiens. La journaliste Marie-Françoise Colombani organise de grandes tablées en Camargue. Anne Méaux et Patricia Barbizet « font table ouverte dans leurs villas du Var[2] ». Où qu'on aille, on reste à portée de dîner.

Quand elle part pour sa maison de Normandie, France Roque prévient sa femme de ménage. « Vous me préparez un grand plat... Je vais peut-être faire venir des gens... » Si « quelqu'un » est dans le coin, elle monte immédiatement un dîner de six personnes. L'été, elle lance de plus grandes tables auxquelles elle invite toutes ses connaissances jusqu'à quarante kilomètres à la ronde, et l'on s'y retrouve rapidement à 32 pour le dîner.

Être perdu à la campagne ne prive pas d'antennes géopolitiques, au contraire. Loin des capitales, on y trace l'avenir. Voilà comment dans un de ces grands dîners, à l'été 2016, on s'accorde à sentir Sarkozy monter à la primaire de droite. En pantalon rouge et chemise ouverte, Hervé Morin lui trouve soudain des qualités. On se convainc aussi avec le romancier russe Vladimir Fédorovski que Hillary Clinton pourrait être une pire présidente des États-Unis que Donald Trump. On se fourvoie joyeusement, rassuré par toute cette intelligence collective au vert.

Plus on est loin, plus on est content de se retrouver pour dîner

« Me revient une conversation à Paros avec Alain Finkielkraut », écrit Fabrice Luchini dans ses souvenirs[3]. « Il n'y a pas plus parisien que l'île grecque de Paros, vous pouvez dîner tous les soirs chez quelqu'un », selon un dîneur de Neuilly. Chez quelqu'un, entendez, pas n'importe qui. On croisera peut-être Stéphane Bern, Dominique de Villepin ou Rémy Le Fur… Autre île grecque, Patmos est une autre capitale des dîners parisiens hors les murs. On y retrouve à table ceux que l'on croisait quelques années plus tôt dans les Alpilles ou à l'Île de Ré et qui se désolent ensemble que Patmos ne soit plus Patmos. L'île se divise en plusieurs pièces de puzzle qui s'assemblent régulièrement : Emmanuel Carrère y a sa maison, le journaliste Emmanuel Chain hésite à y acheter la sienne, un communicant s'y amuse publiquement à se demander s'il boit les bons drinks avec les bonnes personnes et fréquente les bons dîners. Le clan *ELLE* y prend aussi ses quartiers d'été. « J'y suis allée deux semaines parce que j'ai un livre qui sort à la rentrée », s'excuse une journaliste, « mais l'an prochain, c'est fini… » Quelques dîners « pour le travail » et puis s'en va. Une destination se démode vite, « tout le monde y va », on se renseigne rapidement sur le prochain endroit recherché. Quelques-uns ont déjà choisi les îles Vierges britanniques.

D'autres dîners en ville se tiennent dans des

destinations d'exilés. À Comporta au Portugal, on retrouve ainsi Christian Louboutin, Patrick Perrin ou Farida Khelfa. Mais où qu'ils soient, envoyez des Français à l'étranger et très vite, ils auront besoin d'un dîner parisien.

Le dîner parisien hors-Paris doit inclure le local de l'étape

« On est bien ici, ça sort du petit entre-soi parisien », glisse l'épouse d'un juge d'instruction dans sa maison de campagne à six heures de Paris, avant de passer à table avec une douzaine de Parisiens. Bien sûr, il y a l'invité local. Ce soir, il est éleveur de visons. Ailleurs, ce pourra être un patron pêcheur qui ramène du homard et reste dîner. Grâce à lui, on peut se faire croire qu'il ne s'agit pas d'un dîner parisien. Chez Jean d'Ormesson en Corse, c'est le maire de Saint-Florent que l'on trouvera invité à table. En Normandie, France Roque attire à dîner le maire de Deauville ou le patron de la région. Si le local de l'étape connaît du monde, ce n'est pas plus mal.

Le « vous resterez bien dormir » est l'avenir du dîner

« Vous chassez ? » C'est la première question que le patron d'une galerie d'art a posée à l'expert Bill Pallot quand il a commencé à travailler pour lui. C'est important de chasser, lui a-t-il expliqué. Vous arrivez la veille au soir, vous dînez ensemble, vous marchez longuement… Henri de Castries, Vincent Bolloré… Ils chassent tous, ces gens inaccessibles pendant la semaine. Bill Pallot s'y est mis. Tirer sur les oiseaux, quand même pas, mais au moins le sanglier… Pour les relations, c'est encore mieux que les dîners. À défaut, le week-end à la campagne, c'est un peu comme un week-end de chasse sans chasse.

À la campagne, tout le monde reste dormir. « Je te mettrai des draps en lin dans ton lit », promet l'organisatrice de dîners en invitant dans sa maison de Vendée. Si l'on mesure la proximité entre deux personnes aux pièces auxquelles l'une a accès chez la personne qui invite l'autre, c'est un vrai rapprochement. Surtout si l'on se croise en pyjama au petit déjeuner.

Bien entendu, on ne convie pas des inconnus. Dans sa maison de campagne, on reçoit des invités préalablement testés en ville.

L'appartement est construit autour du dîner

Bien sûr, recevoir suppose l'appartement qui va avec. Les meilleurs ennemis d'un couple de rédacteurs en chef de magazines les soupçonnent d'avoir déménagé pour que leur décor soit à la hauteur du rôle qu'ils prêtent à leurs dîners.

« J'ai un très joli appartement de réception et je m'en sers pour recevoir », raconte cette communicante qui a acheté le premier étage d'un hôtel particulier dans le XVIe arrondissement. « Tant pis, je n'ai plus de maison de campagne. » Avec un peu de chance, tous ces investissements en dîners permettront d'acheter une nouvelle résidence secondaire dans quelques années.

L'appartement est un écrin à dîners

Un dîner en ville doit avoir lieu chez soi, ou dans le chez-soi de quelqu'un. « N'oublions jamais que la maison, l'intimité, la cuisine… représentent la mère. Plus vous faites rentrer les gens dans votre intimité, plus vous découvrez la leur », explique une hôtesse. Aller chez l'autre, c'est la dernière frontière, quand il est si simple d'aller au restaurant, quand on déplore « qu'il n'y a plus que ça, des dîners dans les musées… »

À se demander si les appartements ne sont pas là pour inviter à dîner plus que pour y vivre. Journaliste américaine chroniqueuse au *New York Times* et installée à Paris depuis une douzaine d'années, Pamela Druckerman se souvient de l'architecte venu les épauler quand elle et son mari ont acheté leur appartement. À chaque réunion, en les écoutant parler de leurs projets, il invoquait les invités. « Là, quand les "invités" arriveront, la première chose qu'ils verront, c'est ça… Quand les "invités" passeront par là… » Elle n'a jamais osé l'interrompre pour lui préciser qu'elle avait prévu d'y vivre en famille, plutôt qu'avec des invités.

« Bien sûr, il faut le grand appartement… », dit un régulier des dîners. Dans le jeu des dîners en ville, le propriétaire du plus grand appartement gagne souvent. Le grand appartement fera que l'action se passera chez vous. Anne de La Baume est propriétaire d'un 150 m^2 dans le XIe arrondissement. À ceux qui l'invitent dans leurs petits F3, elle propose – c'est tellement plus simple – de venir chez elle avec leur dîner.

Si l'on a un trop petit appartement ou si l'on habite loin, on peut inviter chez soi chez les autres

Parfois, l'invitation arrive sans lieu. Merci de noter la date, on vous donnera l'adresse bientôt… Une journaliste se souvient du message d'un éditeur qui souhaitait dîner avec elle et lui présenter des amis. Une date est arrêtée. Un nouveau message arrive : « Je peux faire livrer le dîner chez toi ? » Certaines personnalités reçoivent volontiers chez les autres. L'éditeur Manuel Carcassonne peut inviter chez la productrice Catherine Barma. Il arrive à l'agent Olivier Rubinstein de recevoir chez Emmanuel Carrère qui n'est pas là…

Quel est l'intérêt de recevoir chez quelqu'un d'autre alors qu'on pourrait aller au restaurant ? Surtout quand on réserve traiteur et maître d'hôtel…

Christophe de Margerie louait à un grand designer français établi à New York un appartement au dernier étage d'un immeuble haussmannien du boulevard Raspail. Bien sûr, il aurait pu choisir les salons privés d'un restaurant. Mais les invités n'auraient pas eu l'impression d'entrer dans son intimité. En débarquant dans un véritable appartement – si spectaculaire soit-il – ils peuvent croire qu'ils entrent dans sa sphère personnelle. « Les gens sont plus flattés quand on reçoit chez soi… c'est encore mieux qu'une invitation dans un trois étoiles. »

Peu importe dans le fond chez qui on se trouve, on est comme à la maison. De passage à Paris, une ancienne ambassadrice est invitée chez des amis d'amis. À table, elle raconte ses engagements politiques, commente l'état du monde. On lui pose des questions, elle répond, ajoute une anecdote, des « ma chérie ». À la fin du dîner, alors que chacun se lève, l'invitée d'honneur se tourne vers une autre convive. « Chez qui sommes-nous déjà ? » Oui, on a déjà vu des hôtes et des invités tout ignorer de ceux chez qui ils reçoivent et dînent. Tout comme on a déjà entendu des squatteurs d'appartement et leurs invités débiner le maître de maison absent et la décoration de l'appartement qu'il a prêté. Monde sans pitié.

Faites comme chez vous n'est surtout pas une invitation à faire comme chez soi

Aux États-Unis, on suit l'hôtesse qui part avec votre pardessus et on découvre les autres pièces de la maison. Les Américains, lorsqu'ils reçoivent, vous font facilement faire le tour du propriétaire[1]. Ils vous ouvrent toutes les portes pour que vous vous sentiez chez vous. En France, on vous laisse deviner les lieux. Il n'est pas question que vous vous sentiez « at home ». Votre manteau est confisqué à votre arrivée et part vers une destination inconnue. Vous êtes pris en otage. D'ailleurs, la dame qui vous libère des sacs et manteaux n'est pas nécessairement votre hôtesse. Si par hasard on vous fait visiter l'appartement, on ne pousse généralement pas la porte des chambres.

En France, contrairement aux pays asiatiques, on garde ses chaussures. Si l'on tient vraiment à ce que ses invités les retirent, il faut le faire avec classe. L'homme d'affaires Édouard Carmignac demande à ce qu'on se déchausse et présente à ses invités une collection de pantoufles brodées – d'un dragon, d'un cervidé... Chacun choisit son modèle pour la soirée. Les femmes peuvent garder leurs souliers. Est-ce pour qu'elles puissent rester hautes sur leurs talons qui mettent en valeur le galbe de leurs mollets ? Ou pour intimider les hommes ? Personne ne connaît la raison de cette différence de traitement.

On a tout fait tout seul... avec tel décorateur

Si l'hôte fait visiter, il précisera qu' « on a tout fait seul » juste avant de mentionner le nom du décorateur. Parfois, ce ne sont que les appliques qu'on a « bricolées » seul. On dit « j'ai pris Grange ou Garcia mais c'est moi qui ai tout fait... » Les invités se doutent que ce n'est pas le cas mais restent ébahis.

Quelle que soit la saison on allume un feu

Quand la journaliste Hélène Jouan est arrivée au dîner auquel elle était conviée avec une dizaine de personnes autour de Christophe de Margerie, il y avait un feu dans la cheminée, du whisky sur la table. « J'ai cru qu'on était chez lui... » Au cours de la conversation, elle a compris que l'appartement n'était pas le sien. Mais le feu qui crépite dans la cheminée est un label d'intimité. C'est l'équivalent d'une maîtresse de maison qui enlève ses chaussures. Les feux de cheminée des dîners en ville s'accompagnent de leurs rituels : les hommes qui l'étudient, les femmes qui font mine de venir s'y réchauffer même quand il fait 25 °C dans l'appartement. La cheminée dit *ici, vit un foyer*. Et puis l'odeur équivalente de celle des parquets cirés à la cireuse vous plonge ailleurs. La cheminée crée un lien à la nature. « On croque un stère de bois par an… » se vante un maître de maison devant ses invités. « Je n'aurai plus jamais d'appartement sans cheminée… »

Tant d'hommes politiques ont des cheminées dans leurs appartements parisiens que jamais, dit-on, les feux de cheminée ne seront interdits à Paris. C'est certainement vrai, la preuve, on l'a entendu dans un dîner parisien.

On est prié de mettre en scène son intimité

Si l'on invite chez soi, ce n'est pas pour déguiser son appartement en restaurant. Le risque de la fortune, explique une dame très riche, c'est d'écraser le concept d'invitation intime. « Ce qui se perd aujourd'hui, c'est qu'il n'y a plus de maison, plus de foyer, plus d'univers personnel… Quand il y a de l'argent, tout est froid et fait par un décorateur. Il n'y a pas de maison. » Or les invités doivent se sentir chez vous. « Les grands dîners où vous avez l'impression de dîner dans un musée avec des fleurs partout, vous ne pouvez pas vraiment être cash… On se lâche quand on sait qu'on est chez des gens. » Les tableaux, les livres, tout doit être choisi, tout sert à vous dire que vous êtes chez quelqu'un.

Au moment de visiter l'appartement, l'invité rendra service à son hôte en évitant de s'arrêter devant ce qui a de la valeur et en choisissant plutôt de traîner devant ce qui met en scène son intimité. Il y a ceux qui se plantent devant la bibliothèque, scannent livres et DVD. « Oh, je peux te l'emprunter ? » On voudrait dire que non, que ça fait dix ans qu'on ne prête plus aucun livre de peur de ne jamais les revoir mais on dit bien sûr oui.

On s'arrête devant la vue. S'il n'y a ni vue ni cheminée, un peu d'art fera l'affaire

Pascal Houzelot, ancien conseiller lobbyiste de TF1 et patron de Pink TV, a lui aussi un « appartement avec vue, proche de l'île Saint-Louis, qui se prête à mêler patrons de télévision, capitaines d'industrie, réalisateurs et écrivains[2] ».

À peine entré, on s'arrête devant la vue comme on le ferait devant un tableau.

L'expert Bill Pallot demande toujours à visiter l'appartement. Il sait que ça fait plaisir. « Des gens qui ont réussi socialement et n'ont pas d'objets d'art, cela n'existe pas… » Enfin, si, une fois, il a visité l'appartement d'un chanteur à la mode : pas le moindre objet d'art. « Je ne sais pas ce qu'il faisait de son argent… » Bill Pallot sait demander de qui est cette photo, qui représente ce portrait, s'intéresse à la table Giacometti. Les hôtes apprécient. Ses regards approbateurs appuient leur réussite. L'art prédispose à mettre un pied dans la vie privée des gens. Que seraient experts et commissaires-priseurs sans dîners en ville ? L'un d'eux reconnaît dîner à l'extérieur au moins deux fois par semaine.

Expert ou amateur, quand l'invité s'arrête devant un tableau, on raconte comment on est « tombé dessus ». Ce n'est pas de l'art qui a de la valeur, mais de l'art qui a une histoire, des liens avec nous. Les Rochas, François le fils des couturiers et son épouse Carole, accueillent dans leur salle à manger élaborée par Giacometti, l'occasion de raconter leur lien à l'artiste. Quand l'entrepreneur publicitaire Jérôme Doncieux reçoit dans son appartement sur deux étages, il signale à ses invités qu'ils sont dans un ancien atelier de Mondrian. Des gens qui exercent des professions sans rapport aucun avec l'art mettent en avant l'histoire créative des lieux qu'ils occupent.

Pour montrer son ouverture d'esprit et ses talents de visionnaire, on aura un peu d'art contemporain. Même chez Antoine Hébrard, le patron *old school* du *Who's who*, on trouve un tableau incompréhensible aux côtés de petites Pompadours… « Les riches font des économies ; l'art en est devenu une. Les prix se tiennent mieux que les enfants de la bourgeoisie[3] », écrit Bertrand de Saint Vincent.

« Attention, ne mangez pas, c'est un... », entend-on devant une sorte d'arbre à bonbons aussi coloré que les plateaux de sushis. Les Valois (« les jeunes », les parents sont rue de Seine) sont galeristes et ils organisent des dîners post-vernissage dans leur appartement de la rue de Rivoli. De la fougère en plastique pousse dans une paire de tongs. « Ce qu'il y a de bien, c'est que ça change tout le temps », dit un invité, les yeux rivés au plafond auquel une œuvre est suspendue tandis qu'un peintre russe entame son assiette de nouilles asiatiques dans un coin avec un critique d'art des *Inrockuptibles*.

Si l'on ne sait pas quoi dire d'un tableau, on peut lâcher qu'il « donne à penser » ou qu'il « s'impose comme une évidence ». Tout plutôt que d'avouer qu'on n'y comprend rien.

S'il y a un jardin ou une terrasse, on en profite

L'été, les dîners de Jacques Attali, qui a une cuisinière à demeure, deviennent des buffets barbecues mondains où l'on ose faire griller des saucisses, « sous l'œil de ses camarades qui le savent doué pour tout sauf pour le barbecue[4] ». Chez Patricia Barbizet, « on prend l'apéro dans le jardin de 150 m^2 quand le temps le permet[5] ». Une riche héritière a théorisé tout cela. « Le jardin, c'est le jardin d'Éden... La présence de la nature va diriger les conversations... » Elle en est sûre, le passage au jardin va tout transformer. « Dès que les gens sont dehors dans un jardin, ils sont habités par autre chose, c'est plus sexuel, on devient plus animal… »

Le jardin, c'est aussi l'endroit où l'on vient griller une cigarette depuis que, sans se le dire, on a arrêté de fumer chez les gens. Parfois, c'est la terrasse, une fenêtre, un coin de balcon. Cela permet de changer de compagnie sans être mufle : « Je vais rejoindre les fumeurs… »

Si l'on est très riche, on peut recevoir comme un pauvre, l'inverse est plus rare

Le cadre doit être inversement proportionnel à l'occasion. Plus on est nanti, plus on peut s'encanailler avec le décor. Julie Gayet a fêté son anniversaire à Rungis, comme Marie-Antoinette aimait se glisser, anonyme, dans les bas-fonds. Bertrand de Saint Vincent synthétise cette chasse aux extrêmes : « Nec plus ultra, Versailles ; ou encore un hangar désaffecté dans le fin fond du XXe arrondissement[6]… » Le nouvel establishment, dit-on des millionnaires patrons de la tech, ne va pas n'importe où. Il n'avance qu'entre les étoilés et les lieux canailles. Il déteste les poids moyens.

Après avoir invité un grand banquier avec qui il croyait être devenu ami, un jeune directeur se souvient de s'être excusé en lui ouvrant la porte. « Ça fait combien de temps que tu n'as pas été reçu dans un appartement aussi minable ? » Coup d'œil de l'autre au salon. « Un moment, oui. » L'hôte aurait dû lire la baronne Staffe. « On doit penser qu'on aura toutes les peines du monde à traiter à son tour, selon leurs habitudes, les gens accoutumés à une chère à la fois délicate et plantureuse ; qu'on ne réussira qu'à étaler sa médiocrité et souvent qu'à se couvrir de ridicule. » Brave baronne qui déconseillait de former « des relations très intimes avec des gens qui sont dans une position de fortune très au-dessus de la sienne » ce qui est devenu le dessein des dîners[7].

On n'est jamais trop habillé

> « Les hommes en costume ont vraiment l'air d'avoir réussi, jusqu'à ce que vous vous aperceviez qu'ils travaillent pour des hommes en T-shirts. » (lu sur Internet)

« Chez moi, ne venez surtout pas comme vous êtes, théorise Valérie Solvit, au contraire, donnez le meilleur de vous-même. Si ça ne va pas, préparez une gracieuse déprime. »

Si tu es *underdressed*, il faut être Lou Doillon ou start-upper milliardaire

Overdressed ou *underdressed*, le deuxième est toujours plus risqué, surtout pour les femmes. Entendu : « Si tu es *underdressed*, il faut être Lou Doillon... »

La solution, estime la journaliste et écrivaine Colombe Schneck, c'est de se placer un cran en dessous de l'*overdressed*. « Ma mère me disait "tu t'habilles comme si tu allais sortir et puis tu enlèves un truc…" ». Le bracelet de trop, le foulard en trop… *Less is more.*

Quant aux messieurs, au XXIe siècle, ils ne peuvent plus compter sur leur costume avec la même fiabilité qu'autrefois. Pour les hommes, être *underdressed*, c'est signe qu'on appartient à la relève de l'establishment, tel Alexandre Malsch, le fondateur du groupe Melty, venu en T-shirt et sweat à capuche à un dîner du *Who's who.* Le T-shirt crie « on vous enterrera tous ». La capuche hurle « ma capitalisation boursière est plus forte que la tienne ». Jacques-Antoine Granjon va à l'Élysée avec ses bottes pointues. « Quand on a la réussite, on peut tout se permettre », explique une hôtesse, « sinon c'est plus compliqué… » Et l'on peut hésiter à vouloir entrer dans la catégorie « plus compliqué ».

Si tu ne sais pas, tu mettras une robe noire

Si l'on craint vraiment le fashion faux pas, on enfilera une robe noire. « Je ne savais vraiment pas comment m'habiller pour aller chez "Xavier et Delphine" », se souvient l'épouse d'un *venture capitalist* qui parie qu'on aura reconnu les Niel-Arnault. La fille aînée de Bernard Arnault est directrice adjointe du groupe de luxe LVMH, son père était là, ça vous laisse peu de marge pour échapper aux décryptages mode. Après avoir relu le petit livre de conseils de la Parisienne d'Inès de la Fressange, l'invitée a choisi le noir. Le noir, ça ne dit rien et ça va avec tout. Surtout avec le noir que doivent probablement porter aussi les autres invitées exposées au même dilemme. (Pour une touche de gaieté, la petite robe noire peut être bleu marine.)

La cravate est réservée aux patrons du CAC-40 et aux bouchers

La cravate ne se porte plus que chez certaines catégories : les plus de 60 ans, les patrons du CAC-40, les maires, les bouchers. Ceux qui l'ont abandonnée récemment s'arrangent encore pour garder leur veste, au moins à l'épaule.

Notons qu'il est plus facile d'enlever sa cravate que de la rajouter. « Pourquoi juge-t-on celui qui n'est pas habillé comme les autres ? », s'interroge un dîneur à voix haute. « Sans doute parce que s'il est capable de s'affranchir de certaines règles, on se demande quelles autres il va fouler aux pieds… »

L'heure, ce n'est pas l'heure

On arrive douze minutes après l'heure indiquée

Si l'heure n'est pas indiquée, on comprend que c'est 20 h 30. L'heure bourgeoise. Certainement pas trop tôt. « Aux siècles précédents, dans la bonne société, les couches supérieures oisives, on ne conviait qu'à dîner, et l'heure tardive était déjà un marqueur social », rappelle la chercheuse Claudine Marenco[1].

Bien sûr, il n'y aura que les étrangers pour arriver à l'heure indiquée sur l'invitation. Peut-être même débarqueront-ils alors que la préparation du repas n'est pas terminée, voire se retrouveront coincés dans l'ascenseur avec le traiteur. Les Français, eux, savent que le quart d'heure parisien réclame de ne jamais arriver exactement à l'heure dite. L'ancienne correspondante du *New York Times* à Paris Elaine Sciolino se souvient de ses efforts pour se plier aux règles françaises lorsqu'elle et son mari furent invités à un dîner parisien à 20 h 45. « Andy et moi attendîmes dans l'entrée éclairée jusqu'à

20 h 55 pour ne pas avoir l'air malpoli en arrivant à l'heure[2]. »

Arriver à l'avance, quel intérêt ? Même un verre à la main, il est plutôt pénible de regarder quelqu'un d'autre cuisiner[3] ou, plus éprouvant encore, nettoyer sa cuisine. Au mieux, vous vous sentirez inutile. Au pire, vous vous retrouverez à éplucher des petits légumes sans en récolter les crédits.

On se doit d'être *fashionably late*, certainement pas en retard. Comme aurait dit Brillat-Savarin : « Attendre trop longtemps un convive retardataire est un manque d'égard pour tous ceux qui sont présents. » La maîtresse de maison aura aussi en tête la personne qui fait le service et devra être payée jusqu'à 2 heures du matin.

Et si on l'est, on n'a droit qu'à des excuses de qualité. « Il y a toujours le couple qui arrive à 21 h 30 en parlant de la circulation. Comme si on ne le savait pas qu'il y avait des embouteillages dans Paris. »

Inutile aussi de faire référence aux journées de travail qui ne s'arrêtent plus, cela semblerait indiquer qu'on a une charge de travail plus sérieuse que celle de ses hôtes et des autres convives.

Le plus influent impose son heure. L'hôte prestigieux pourra écrire : « À 20 h 30, ne soyez pas en retard car on passe à table juste après… », ce qui signifie qu'on arrive à 20 h 42. Le statut d'invité de choix permet de dicter ses propres horaires. Bruno Le Maire a prévenu l'une de ses hôtes : « J'arrive à 20 heures et je repars à 22 heures. » Preuve s'il en fallait que les dîners en ville ne sont pas des dîners amicaux. (Quelle tête feriez-vous si vos amis mettaient les voiles à 22 heures ?)

On se plie à ces conditions en fonction de qui l'on veut avoir à sa table. On feint d'ignorer les cumulards, ceux que l'on dit, comme la mécène arlésienne Maja Hoffmann, « capables d'assister à quatre dîners le même soir[4] », la soirée où l'on dîne deux fois étant plutôt une pratique d'ambassadeur. D'ailleurs, les débutants en dîners en ville invitent à 19 h 30 et font table ouverte, voire inscrivent « à partir de » sur leur invitation, prêts à accepter que leurs invités débarquent à 23 heures. C'est la meilleure manière de pouvoir pêcher des gros poissons que de leur faire comprendre qu'ils pourront, en toute pignoufferie assumée, montrer une tête avant ou après leur autre dîner, le vrai.

On ne vient pas avec une bouteille de vin

Les grands-bourgeois d'autrefois arrivaient volontiers les mains vides. On apportait quelque chose la première fois que l'on se recevait et point. Anne de La Baume prévient : « J'arrive sans rien, parce que c'est comme ça que je veux que vous veniez chez moi. » Il faut être assez établi socialement pour qu'il n'y ait aucun malentendu sur la raison pour laquelle vous passez la porte sans rien à offrir.

Prenez garde à ceux qui vous disent de venir sans rien

Après votre départ, ils diront qu'ils n'en reviennent pas, glisseront que jamais, ils ne se le permettraient. « Pourtant ils ont des secrétaires et des comptes chez le fleuriste et le caviste… », persifle une communicante à propos de ces pignoufs de marque.

« N'apportez rien » fait partie des grands mensonges des dîners en ville, au même titre que « c'est l'intention qui compte » ou « un cadeau fait maison… c'est ce que je préfère ! »

« Les gens ne sont pas généreux », explique un autre hôte habitué à recevoir « des bouteilles de vin avec des appellations qui ne valent pas dix euros. » Le pire, ce sont les journalistes et les auteurs qui arrivent avec leur dernier livre en cadeau (« Heureusement qu'il n'est pas sorti en livre de poche… »). Certains ont fait de leur arrivée sans rien leur signature. André Bercoff arrive avec « son humour ». Mais venir les mains vides est devenu encore plus difficile à assumer depuis que certains grands hôtes ont le raffinement d'offrir un cadeau à leurs convives, tel Pierre Weill, le fondateur de la Sofres, remettant un livre à ses invités, ou le maire de Deauville, Philippe Augier, glissant dans la serviette de la douzaine de convives présents un livre particulier choisi pour chacun.

Les fleurs sont périssables. Raison de plus

« Je vous ai apporté des bonbons parce que les fleurs, c'est périssable… » Justement, c'est pour cela que les fleurs plaisent. Elles sont belles, se fanent, sont éphémères comme un dîner. Pour montrer qu'ils connaissent les codes, certains feignent de s'en plaindre. « Ce qui m'agace, ce sont les gens qui arrivent avec des fleurs, peste la lobbyiste Véronique Queffélec. C'est insupportable ! Quel manque d'éducation ! Un bouquet se fait porter… »

Les gens bien élevés viennent les mains vides, vous dit-on, parce qu'ils ont fait livrer des fleurs la veille ou le matin. En théorie, chacun le sait. En pratique, on redoute, les maisons n'étant plus aussi bien staffées qu'autrefois, que la concierge ne réponde pas à l'interphone et que les pivoines repartent à l'envoyeur, voire qu'elles soient installées trop tôt et que le donateur ne récolte pas les bravos. Chez les start-uppers minimalistes, on craint de ne pas trouver de vase. On a déjà vu un hôte tendance high tech planter un bouquet de fleurs dans un verre à bière, faute de mieux.

Une femme n'apporte pas de vin, un homme non plus

L'œnophile se tâte avant chaque dîner. Doit-il apporter d'autorité sa bouteille ? Il pèse deux risques antagonistes : passer pour un abruti condescendant ou mal boire.

Pour une femme, apporter du vin est un peu vulgaire. Et puis personne n'a envie de passer sa journée à déformer son sac Hermès avec une bouteille.

Et du vin ne fera pas forcément plaisir. Certains hôtes seront même agacés. « Je planifie les accords de vin avant le dîner. Les bouteilles apportées, ça fiche tout en l'air. On se sent obligé de les servir et en général, ce n'est pas bon », résume un maître de maison. Sans compter ceux qui n'aiment pas qu'on leur mette des bouteilles dans les bras parce qu'ils préfèrent avoir ouvert les leurs avant l'arrivée des invités.

Les friandises doivent avoir une histoire

Si l'on offre des friandises, elles doivent venir d'une adresse raffinée, de préférence un peu difficile à trouver, ou présentées de manière inédite. On évoque les chocolats exceptionnels « servis dans une grande boîte métallique ». Quand on vous propose d'apporter « du dessert », cela signifie bien entendu « le dessert ». Un intellectuel français à qui l'on avait demandé « du dessert » était venu avec une part de flan à un dîner pour huit. Son hôtesse en est encore offusquée, alors qu'il avait scrupuleusement respecté la consigne et l'article partitif.

On n'apporte pas de cadeaux pour faire plaisir mais pour dire qui l'on est

On apporte des présents dont les invités se souviendront et auxquels ils nous associeront.

Par exemple des livres (en plus des siens si l'on est écrivain), objets intimes, culturels et distinctifs.

Le livre présente l'avantage de n'être ni utile ni pratique. « Excluant l'aveu du calcul qui hante les relations sociales, on veut voir dans les cadeaux qu'on reçoit ou qu'on fait des témoignages "purs" d'amitié, de respect, d'affection, et des manifestations non moins "pures" de générosité et de valeur morale[1]. » Et un livre passe plus facilement en notes de frais qu'une boîte de chocolats à 30 euros.

On ne se trompe jamais avec des cadeaux pour les enfants

Les plus délicats auront des petits cadeaux pour les enfants. Les plus experts en auront même toujours sous la main en cas d'urgence.

Permettez-moi de vous présenter

Passé la disparition du manteau, arrive l'hôte. L'influence américaine veut qu'on surjoue la surprise en découvrant derrière la porte la personne qu'on a invitée. Les yeux s'écarquillent façon « ça alors ». On vous a invité et vous êtes là, quelle bonne surprise !

On se tutoie après avoir appuyé sur la sonnette

Le passage de la porte de l'appartement redéfinit immédiatement la relation entre l'invitant et l'invité. Si l'on se vouvoyait jusque-là, cela peut être le moment de se tutoyer. « Vous savez pourquoi des gens qui ne vous connaissent pas vous tutoient immédiatement ? demande une hôtesse. Parce que la prochaine fois que vous vous croiserez, tout le monde pensera que vous vous connaissez bien. »

Accueillie à son arrivée par Christophe de Margerie, Hélène Jouan a été surprise de constater que son hôte l'embrassait comme du bon pain à la porte, comme s'ils avaient déjà vécu ensemble de nombreuses aventures. Il lui fallut un peu de présence mentale pour se rappeler qu'ils ne se connaissaient pas.

Si l'on ne vous dit rien sur quelqu'un, vous êtes supposé savoir qui il est

L'ancienne génération de la vie mondaine présentait ses invités et estimait mal élevé de les mettre en difficulté : il fallait placer les gens face aux autres rapidement.

La nouvelle, au contraire, assume de les laisser se découvrir. Comme autant de petits noëls au cours de la soirée, on découvrira à table que son voisin est un conseiller politique en vue ou un écrivain ébouriffant. Manquer d'informations peut faire partie du jeu. On dit « je te présente Philippe », sans préciser qu'il est patron de la Poste. Aux invités de deviner que le Louis du bout de la table est Louis Dreyfus, patron du *Monde*, et on s'amusera de celui qui aura critiqué un article du jour sans le savoir.

Ne comptez pas non plus sur les invités pour vous expliquer qui ils sont vraiment. Plus on a un titre important, plus on se flatte d'une présentation minimaliste. Quand on lui demande ce qu'il fait dans la vie, le patron du groupe *Le Monde* répond qu'il est « dans la presse ». Si un invité vous dit qu'il « est dans l'éducation », il dirige probablement Sciences-Po. À l'inverse des cartes de visite, où deux ans d'ancienneté vous confèrent le titre de directeur de votre chaise à roulettes, dans les dîners en ville, la coquetterie des présentations est à la déflation. Les mêmes qui veilleraient à ce que leur titre exact figure au programme d'une conférence et que toutes leurs décorations apparaissent dans le *Who's Who* prennent un malin plaisir à en dire le moins possible dans les dîners. On ne se hiérarchise pas, on s'équivaut.

« J'aime que personne ne sache qui est qui et que cela s'apprenne au milieu du dîner… », assume une hôtesse. « Les gens créent des liens improbables, ils découvrent ensuite qui ils sont. »

Tout se joue à l'apéro

Pour signifier l'intensité de ce qu'il se passe chez eux, pour imprimer leur fantaisie, certains font délibérément traîner le passage à table.

Les invités se reniflent en prenant un verre avant de s'asseoir. C'est le moment de faire bonne impression si le plan de table prévu par l'hôtesse est encore flottant. Et s'il est déjà inscrit, c'est peut-être la seule chance que vous avez de parler à ceux qui ne seront pas assis à vos côtés.

« Chez Félix Marquardt, à 22 heures, alors que Christophe de Margerie et le rappeur Mokless partagent des toasts au saumon, le dîner n'a toujours pas été servi[1]. »

Traditionnellement, à cette heure-là, quand plus personne n'a faim, on s'estime autorisé à passer à table, même si tout le monde n'est pas là. Si l'on n'est pas sûr de soi, en retardant le dîner, on a plus de chances que le repas soit apprécié. « Quand on a faim, on devient un gastronome », disait le critique gastronomique Henri Gault[2].

L'apéro peut remplacer le dîner

Si vos invités ont moins de 30 ans, ils vont manger copieusement à l'apéro, considérant qu'il n'y aura peut-être rien d'autre de servi de la soirée.

« Un dîner chez moi ? » Le fondateur de cette grande entreprise de tech française a besoin de mettre les choses au point. « Vous voulez dire un vrai dîner avec des gens assis à table et un truc qui cuit dans le four ? » Pause. « Non, ça je crois que je n'ai jamais fait… »

Il a la trentaine. Bien sûr, lui est invité régulièrement. Mais il ne se voit pas recevoir. « D'ailleurs je déteste avoir à m'engager trois semaines à l'avance… Ça peut vous faire rater une meilleure fête… », dit-il de ses propres soirées. Il préfère les apéros. « Tu y vas, tu n'y vas pas… c'est beaucoup moins engageant, on ne se trouve pas coincé. » Et quand on invite à un apéro, on peut décider en cours de soirée de son format.

QUATRIÈME ÉTAPE

Pour passer à table il faut une table

La gratuité coûte cher

> « Après les œufs brouillés aux truffes, parurent des truites de rivière. La conversation était tombée sur la crise industrielle, qui s'aggravait depuis dix-huit mois. »
>
> EMILE ZOLA, *Germinal*

Les grandes familles ne sont plus ce qu'elles étaient

« Quelques familles ont encore ça en elles... », soupire un dîneur de Neuilly. Il faut se rendre dans les bureaux du *Bottin mondain* pour comprendre que l'aristocratie n'est plus ce qu'elle était. Longtemps installés dans le très chic VIIIe arrondissement, les éditeurs du célèbre annuaire ont dû se replier sur Levallois-Perret. Là, dans des locaux qui pourraient être ceux d'une entreprise de robinetterie de province, un néon clignote par intermittence. Un écran d'ordinateur a été surélevé et posé sur une vieille édition du guide de 2009. Sur l'agrafeuse, les lettres BK inscrites au feutre indélébile. BK comme

Blanche de Kersaint, la directrice du guide, une cousine d'Henri de Castries, l'ex-P-DG d'Axa.

Les grandes familles, nous explique-t-elle, ne sont plus ce qu'elles étaient. Lui arrivent des échos de gens qui ne partiront pas en vacances cet été parce qu'il faut refaire la toiture.

Il n'y a plus, regrette-t-elle, de grands dîners aux chandelles dans les châteaux avec les trois maîtres d'hôtel au service… « Je n'ai rien contre le droit des successions, mais à force de diviser, il ne reste plus grand-chose à la fin. » Certes, subsistent quelques « très belles situations », mais pour les autres, on se serre au moins la ceinture, et les budgets de réception encore plus. « Il y a vingt-cinq ans, j'avais un cocktail par mois… Les gens se présentaient, ça n'existe plus. » Les réseaux sociaux ont remplacé les cocktails d'introduction, on profite des derniers mariages pour se croiser. On n'a plus de cuisinière. Pour le service, on fait désormais appel occasionnellement à des extras en feignant de les avoir avec soi tous les jours. Faute de personnel de maison, on sort moins facilement le cristal. « Ce que vous ne pouvez pas mettre dans la machine à laver, vous ne le confiez pas à n'importe qui… C'est vous qui allez le faire alors vous hésitez. »

Les gens qui reçoivent sans compter ont tout de même compté

La baronne Staffe l'écrivait déjà en 1891 : « Fussent-ils les plus précieux du monde, on se garde bien de dire à ses convives : ces fraises me coûtent telle somme ; j'ai payé cet esturgeon les yeux de la tête. » Tout doit avoir l'air gratuit, surtout ce qui est cher.

Parce que bien sûr « si vous voulez bien recevoir, ça coûte un peu d'argent… » Alors on fait ses calculs en douce. Une fromagère de Saint-Germain-des-Prés sait comment les hôtes rabotent sur leur budget : en revoyant le nombre d'invités à la baisse. « Les gens avec qui je travaille, dit-elle de ses clients, vont être huit à table et demandent du fromage pour cinq. »

« Un beau plateau de fromages, ça coûte une fortune », confirme une hôtesse. « Vous prenez un petit chef, ça coûte 2 000 euros », dit un autre. Tous évoquent le prix. Celui de la viande ou du poisson. Celui des grands vins. Quand cette communicante explique qu'elle aime venir avec des chocolats quand elle est invitée, elle précise que « pour 15 euros, les gens sont contents, il y a marqué Lenôtre. Alors que des fleurs, pour un beau bouquet, vous en avez facilement pour 40 euros… » Un journaliste râle in petto à l'idée que les chocolats qu'il apportera ne pourront pas figurer en notes de frais… La générosité désintéressée a un prix.

Ce n'est pas parce qu'on est reçu à la maison qu'une entreprise n'est pas aux commandes

Bien sûr, les dîners en ville sont professionnellement intéressés. « Je me suis toujours demandé si elle se faisait rembourser ses dîners en notes de frais », lâche une invitée à propos de la patronne d'une grande régie publicitaire. Les grands dîners seront affectés au budget réception de grandes sociétés. On est chez des particuliers mais c'est une entreprise qui régale. L'observateur des soirées parisiennes du *Figaro*, Bertrand de Saint Vincent, l'a compris depuis longtemps : « Les puissances invitantes sont désormais souvent de grandes entreprises. "Pas de fournisseurs à la Corbeille", glissait Marie-Hélène de Rothschild lors d'une réception à l'Opéra. C'était avant 68. La révolution est passée par là. Aujourd'hui, non seulement ce sont eux qui mettent la table, mais ils la président », écrit-il de ces événements *corporate* déguisés en rencontres amicales[1].

Pourquoi recevoir chez soi alors que le monde *corporate* veut bien s'en charger ? Un lobbyiste regarde son agenda. « Demain soir, il y a une soirée de cocktail de Raise – la société d'investissement où travaille Clara Gaymard – au musée Rodin privatisé pour la soirée… La semaine prochaine, il y a la fête des vingt ans de Bouygues… Récemment, j'ai été invité à la fête des cent ans de Dassault, cinq ministres étaient là, tout le CAC 40… Ce sont des soirées très utiles, elles remplacent quinze dîners en ville. » Les grands groupes sont devenus les nouvelles maîtresses de maison. Les raouts s'américanisent et les élites françaises se mettent aux dîners de charité, aux galas des musées d'art contemporain. Mais les liens créés ne sont pas les mêmes. On peut trahir quelqu'un à côté de qui on a dîné au milieu de la collection permanente du Centre Pompidou, plus difficilement celui qui vous a reçu chez lui.

Pas de plan de table sans table

« Sur un tapis de Turquie, le couvert se trouva mis. »

JEAN DE LA FONTAINE,
Le rat des villes et le rat des champs

« Dans les expositions patrimoniales – qui restituent les arts de vivre du passé – la manière dont est dressée la table est toujours le clou de l'exposition », souligne un conférencier du Musée des Arts décoratifs[1]. L'expression française « Art de la table » n'a pas de traduction en anglais. La journaliste américaine Pamela Druckerman a mis du temps, en France, à s'habituer au spectacle de ces tables toutes dressées qui semblent n'attendre que les invités dans les vitrines des grands magasins. « On dirait qu'on n'a plus qu'à s'asseoir et à se mettre à table. » Aux États-Unis, les tables en vitrine ont plutôt l'air d'étagères, chargées d'un maximum de vaisselle. On n'attend personne pour s'installer dans le décor.

Chez nous, on ne s'équipe en couverts et assiettes

qu'avec l'idée de faire des dîners. « Les gens doutent de leurs goûts. Alors quand la table est dressée dans le magasin, confie la directrice de l'activité Maison d'une grande marque de luxe française, les clients achètent l'ensemble, la nappe, les assiettes, les verres. » Pour un peu, ils achèteraient les invités avec.

La table est un spectacle. En France, note l'anthropologue franco-américaine Raymonde Carroll, « il est facile de savoir à quelle sorte de dîner on participe en observant la façon dont une table est dressée[2]. » C'est une des premières choses que l'on fait : on jette un œil à la table et on évalue le type de dîner qui nous attend. On compte les assiettes pour savoir qui manque, on devine le format des conversations, le nombre de plats servis…

La table ronde ne place personne en Sibérie

Ronde ou rectangulaire ? Ceux qui ont un avis défendent la ronde. Dans son duplex du quai des Célestins, Philippe Villin a même dessiné la sienne, à laquelle peuvent s'asseoir une vingtaine de personnes. La table ronde résout les casse-tête des plans de table. Lady Elizabeth Anson, cousine de la reine d'Angleterre, qui fait profession d'organiser les réceptions des autres, reçoit chez elle autour d'une table ronde : c'est le meilleur moyen de ne pas avoir à craindre de blesser quelqu'un en l'exilant en bout de table. La table ronde ne place personne « en Sibérie », ce bout de table où personne ne veut échouer, exilé au bout du bout du monde avec ces trois voisins sinistres qui n'ouvrent pas la bouche.

La table ronde ne peut pas être trop grande

À partir de dix personnes assises autour d'une table ronde, on n'entend plus la personne placée à l'autre bout du diamètre. La règle de la table, c'est donc de la choisir trop petite, explique une hôtesse qui a certainement les moyens d'avoir des tables assez grandes. « Pour une bonne conversation, il faut une table ronde et des invités trop serrés, c'est une règle indispensable. »

La communicante Patricia Goldman a une table rectangulaire mais, quand elle y case jusqu'à douze dîneurs, celle-ci est délibérément trop petite. Tout plutôt que d'être placé à l'une de ces tables tout en longueur auxquelles vous ne pourrez parler qu'à vos voisins immédiats. « Une petite table, c'est la garantie d'une seule conversation ! »

Le docteur Saldmann reçoit vingt-cinq à trente personnes d'un coup à une table tout en longueur. Résultat : « Vous dînez à six personnes », résume un invité qui, à sa deuxième invitation, a feint une urgence après l'apéritif pour éviter le supplice de la table en longueur. « Une fois que vous avez raconté votre vie pendant une heure, vous n'avez plus rien à dire », dit Patricia Goldman de ces dîners à table longue.

Avoir des petites tables permet de masquer l'effet de groupe

Au-delà de trente personnes, cette hôtesse prévoit des guéridons de six personnes – en veillant là encore à ce qu'elles soient trop serrées. Parce que trop serrés, on ne sait pas qu'on est si nombreux : le grand groupe réparti en petites tables prétend créer de l'intimité. C'est la raison pour laquelle Christian Langlois-Meurinne reçoit en différentes tablées dans son appartement face au Louvre. Le directeur de publicité Sébastien Danet a chez lui deux grosses tables en bois de huit personnes pour recevoir seize personnes. Quand il veut faire des « grands dîners » (à plus de 16), il loue des petites tables d'appoint. Dans son appartement du XVIe arrondissement, la communicante Valérie Solvit va jusqu'à disposer les tables dans les différentes pièces de l'appartement – la cuisine, le salon et la bibliothèque[3]... – aux airs de maison de campagne anglaise. Tout sauf le banquet d'Astérix.

S'il y a plusieurs tables, il faut laisser circuler

La bonne table, c'est un peu comme la bonne queue au supermarché, il suffit d'être dans l'une pour s'apercevoir que les autres bougent plus vite. Plus ils sont nombreux, plus vos invités risquent de regretter la place qu'ils occupent, s'imaginant qu'ils auraient pu être mieux lotis. Il est dans la nature humaine d'être plus sensible à ce qu'elle perd qu'à ce qu'elle obtient.

S'il y a plusieurs tables, chacun passera donc le repas à regarder les autres en se demandant s'il est à la bonne. On prie pour échapper à la table des réprouvés, ceux que l'on n'a pu coller nulle part. D'autant que beaucoup de gens suivent intuitivement les conseils de Lady Elizabeth Anson qui recommande d'asseoir les raseurs ensemble. « Ils ne réalisent pas qu'ils sont ennuyeux et sont contents ensemble. »

L'épouse du magnat du pétrôle Sâo Schlumberger faisait parfois tirer au sort les places à table à l'entrée de la salle à manger.

Pour les anxieux de la mauvaise table, on trouve souvent des formules permettant aux invités de naviguer et de vérifier ainsi par eux-mêmes que les autres places n'étaient pas meilleures. Car c'est ce qu'ils sont venus chercher : l'autorisation de circuler, de pouvoir parler à un maximum de personnes. Dans les grands dîners, on encourage parfois le changement de place au moment du dessert. Manière de dire « vous êtes là pour vous rencontrer ». Le journaliste chroniqueur mondain Emmanuel de Brantes a repris à ses parents l'habitude d'indiquer une nouvelle place à table entre la première et la deuxième assiette. « Ça permet de ne pas vexer trop de monde... », dit-il de cette méthode pour multiplier le nombre de ceux qui pourront se flatter d'avoir été assis à ses côtés.

Effet de génération ou de la mondialisation, certains invités ne cherchent même plus de prétexte pour se lever. « Entre les plats, les convives quittent la table et vont se promener, une (mauvaise) manière importée des États-Unis », regrette Bertrand de Saint Vincent[4].

Le buffet, c'est l'application du libéralisme au networking

Les puissances invitantes qui cherchent à maximiser le nombre de contacts possibles servent volontiers un buffet : il « permet aux hôtes qui reçoivent et tournent de table en table de voir un maximum de raseurs utiles en épargnant le commerce durable de chacun », relève Marc Lambron[5]. Mais pour les invités, c'est du darwinisme appliqué aux dîners en ville. Les plus forts rempliront leur table le plus rapidement ; les autres dîneront à des tables incomplètes.

La belle vaisselle peut sauver le dîner mais le bon dîner ne sauve pas la vaisselle en plastique

Il y a vingt ans, une jolie table, c'étaient des assiettes en porcelaine et des verres en cristal.

Heureusement, « vous ne pouvez pas faire une table de la même façon dans un appartement moderne qu'à l'époque où l'on recevait dans des boiseries XVIIIe », admet Blanche de Kersaint, du *Bottin mondain*. En revanche, pourquoi servir dans de la vaisselle ordinaire « alors que l'argenterie aujourd'hui, ça ne vaut plus rien en salle des ventes… », entend-on encore. « On en profite mais on en profite mal… », regrettent ceux qui se voient servis dans des assiettes Ikea. La belle vaisselle permet de rehausser des plats ordinaires, bien plus que l'inverse, note encore l'experte qui a déjà reconnu des plats Picard servis par la famille royale de France.

La belle vaisselle permet d'assurer que si l'on s'autorise des audaces – une tête de cerf en carton au mur, des serviettes de table en papier ! – c'est par choix… et non par ignorance des traditions. Valérie Solvit affirme recevoir dans un style à la fois « bohème et châtelain » ; elle met sur la table « des plats artistiquement désaccordés[6] ».

N'empêche, on entend volontiers : « Les couverts en argent, c'est quand même vachement sympa ! »

Le comble de la sophistication consiste pour une hôtesse à injecter du traditionnel en proportion inverse du rang des invités. « Plus les invités sont formels et importants, plus le dîner est informel. Plus les gens ont tendance à se laisser aller, plus il faut cadrer avec un format élégant. »

Pour placer l'argenterie, en France, la tradition exigea longtemps que fourchettes et cuillères soient tournées vers le bas. « Cette disposition "à la française" vient de ce que nos orfèvres avaient l'habitude de ciseler les armes de leurs commanditaires au dos des couverts, tandis que les grandes maisons anglaises les faisaient graver sur le côté intérieur[7]. » La mondialisation a bouleversé la table. De plus en plus, voilà les fourchettes posées dents vers le plafond.

« Ce qui compte, c'est de ne pas servir l'argenterie ternie », explique Blanche de Kersaint. Récemment, dans un dîner, on lui a présenté une argenterie pas faite, noire, affreuse, « répugnante ».

Quant aux serviettes en papier à table, c'est comme le travail des femmes, il a bien fallu s'y faire. Mais ce n'est pas parce que les flamants roses imprimés vous ont amusé dans une boutique qu'ils élèveront votre table. « Les assiettes étant en principe plus belles, l'usage est de ne pas les couvrir », rappelle Jacqueline Queneau, auteure de *Comment recevoir à la française*[8].

Jamais trop de fleurs, de nappes et de bougies

Tout est dans l'art de la simplicité, une simplicité ultra-sophistiquée bien sûr. Alors que les nappes ont souvent disparu des restaurants, remplacées par de grosses tables en bois épais, elles n'ont pas abandonné les dîners en ville. La nappe signale que l'on reçoit, qu'on sait reproduire ce qu'on a appris de ses parents. Traditionnellement, dans les pays du sud de l'Europe, les femmes ne mangeaient pas à la table, assure le sociologue Michel Maffesoli, parce que la présence de la nappe renvoyait au drap de lit. On n'était pas là pour coucher. L'explication peut sembler un peu tirée par les cheveux. N'empêche, les dîners qui symbolisent l'entre-soi ont, à la différence des restos tendance, gardé leurs nappes.

Entendu : « Elle avait mis une nappe en lin et des serviettes en lin, pas du même lin mais avec deux chandeliers. » Comprendre : la présence des chandeliers garantit que la différence de lin du linge de table était intentionnelle.

Évidemment, on n'oublie pas « le *basic* », comme entendu au sujet des fleurs et des bougies. Les fleurs, c'est le minimum. « Je réfléchis aux bouquets monochromes que je laisserai sur la table », affirme le décorateur Jérôme Faillant-Dumas. « On ne peut avoir travaillé quinze ans avec Yves Saint Laurent sans en avoir gardé des traces... » Votre décoration, c'est votre signature.

Rien n'égale en réputation cette hôtesse qui plaçait devant chacun sa fleur préférée, jusqu'au trèfle pour l'invitée irlandaise. « Des petits gestes attentionnés... L'inverse de la société actuelle où l'on porte en brassard ses dons généreux », note l'un de ses invités.

Quant aux bougies, seuls les débutants feront l'erreur de mettre des bougies neuves à table. Dans le grand monde, il ne faut pas que les mèches aient l'air blanches, c'est la preuve que l'on entre dans un intérieur qui existe déjà.

Le problème de la lumière, c'est qu'elle s'achète éteinte

Un dîneur explique que si la lumière est souvent ratée, c'est parce que les abat-jour sont achetés de jour et sans ampoule. À table, on préférera des bougies. « Elles rendent tout le monde très beau, même les gens malades, même ceux qui ont eu une dure semaine... », dit une hôtesse dont le livre de chevet est *L'Éloge de l'ombre*[9].

Les invités viennent pour le plan de table

« Change de place avec moi, gros malin, tu vas voir comme c'est amusant la conversation ici. »

ISABELLE ADJANI, *Subway*

Évidemment, il y a un plan de table, on a même été invité pour lui. On parle même de « tables faites »...

« Quand j'invite, j'ai ma petite idée derrière la tête », reconnaît une lobbyiste. On ne peut pas lancer ses invitations sans avoir son plan de table en tête. « Il nous occupe toute la semaine qui précède », affirme au *Figaro* Pia de Brantes, une autre professionnelle du plan de table. Françoise Dumas, dont le cabinet organise de grandes fêtes parisiennes, des dîners de musées et ceux de la famille Arnault, a appris le protocole avec Marie-Hélène de Rothschild et Pierre Celeyron. Elle a raconté comment, à ses débuts, celle-ci pouvait l'appeler au milieu de la nuit pour lui suggérer des changements de place à table, car « les trois derniers jours, c'est un vrai plan de bataille qui mobilise jour et nuit ». Avec Anne Roustang, son associée depuis une trentaine d'années, elles font leurs plans sur des ronds en utilisant des bristols – roses pour les femmes, bleus pour les hommes, une méthode selon elles que des Chinois ont copiée[1].

Lorsqu'on annonce le plan de table, la puissance invitante révèle ses arrière-pensées, et chacun pèse ce qu'il représente à ses yeux : « Quand vous organisez quelque chose, vous tenez entre les mains le sort social de Paris. Les gens sont tellement inquiets de leur placement. De leur place dépend leur rang, celui que l'on va leur reconnaître[2] », expliquent encore Françoise Dumas et Anne Roustang. Elles savent ce que les mondains sont prêts à faire pour être bien placés, en particulier prétexter une mauvaise audition pour obtenir une place plus près des maîtres du soir[3]. Le plan de table met de la proximité ou de la distance, car il y a une certaine violence à placer loin de vous ceux qui se croyaient proches.

On pourrait penser les choses plus simples aujourd'hui. La reine de la communication d'entreprise Anne Méaux reçoit une à deux fois par mois « à la bonne franquette ». « Elle met près d'elle la personne qu'elle veut honorer, sinon, chacun se place comme il veut[4] », rapporte la journaliste Catherine Nay. Il n'y a pas non plus de plan de table pour s'asseoir à la table ronde de Patricia Barbizet le dimanche soir. C'est le signe qu'on est en famille.

Bizarrement, les soirées sans plan de table ne soulagent

pas toujours les invités. Au contraire, il faut être sur ses gardes, stratégiser sa place. En fait, « le plan de table est crucial quand les gens ne se connaissent pas », théorise Cécile David-Weill. À partir de huit personnes, il en faut un sinon chacun va vers ceux qu'il connaît déjà.

Les *basics* ne changent pas

Bien sûr, on s'appuie sur quelques usages. Alors qu'en Angleterre, le maître et la maîtresse de maison se placent aux deux bouts de la table, chez nous ils s'installent au milieu, face à face. En Russie et aux États-Unis, on place les couples côte à côte (entendu en France : « c'est désolant »).

On suit parfois le plan dit « croisé » : l'invité principal est assis à la droite de la maîtresse de maison, sa conjointe à la droite de l'hôte. Les autres mesureront leur place dans la société à leur position près du couple invitant.

« Ma place préférée, c'est à côté d'une femme », dit un dîneur régulier. Voilà qui tombe bien, même les hôtes qui se targuent de vouloir « tout casser » alternent encore hommes et femmes, et continuent à séparer les couples.

La modernité s'intègre dans les vieux plans de table et pas l'inverse

« Dresser un plan de table tient aujourd'hui du déchiffrage de la pierre de Rosette », estime Marc Lambron[5].

On ne peut plus s'appuyer sur les règles d'antan : on ne fait plus passer un duc avant un ministre, l'importance du poste prime sur l'importance de la fortune ou de la noblesse. Après tout, depuis Giscard, même à l'Élysée, les titres de noblesse ont été bannis.

Les couples qu'il fallait séparer après leur première année de mariage peuvent être gays aujourd'hui. On ne se croit plus obligé de les faire passer pour de vieux amis. Certains bourgeois s'astreignent à normaliser la table en invitant d'autres homosexuels. « Je connais une femme écrivain qui vit avec une artiste. Je les invite avec des gens qui les connaissent déjà ou avec d'autres couples gays... », dit une hôtesse. Les vieux réflexes ne sont jamais bien loin. « Si l'on a un couple de femmes, alors il faut essayer de trouver deux veufs. »

On ferme les yeux sur les briseurs de plan

Dans les grands dîners, les noms sont indiqués sur des cartons, mais certains audacieux s'arrangent pour entrer les premiers dans la salle à manger et, s'ils se jugent trop mal assis, ils n'hésitent pas à se lancer dans « la valse des cartons ». Inconvenant ? « Passé un certain âge, on a le droit... » Tant pis si l'on déjoue les plans.

La tentation de se rendre en cuisine

Chez les pauvres, la cuisine est dans le salon, chez les très riches, on peut faire salon dans la cuisine

S'il y a un élément qui sépare ancienne et nouvelle générations, c'est bien la place de la cuisine. L'invention de la cuisine américaine remonte aux années 70 mais en France, c'est à la base un simple trou dans le mur pour permettre la conversation. La cuisine devient véritablement une pièce à vivre dans les années 90. Toutes ces années pour boucler la boucle et revenir à ce qui se pratiquait naturellement dans les campagnes… Chez les bobos, la cuisine est dans le salon. On invite les convives à donner un coup de main. C'est le fantasme du « réensauvagement » où soudain, rien ne semble plus merveilleux que le son d'un légume qu'on épluche.

Blanche de Kersaint, du *Bottin mondain*, reste stupéfaite du goût des plus jeunes pour les cuisines ouvertes. « Il y a quand même des odeurs… », sans parler de la sonnette du micro-ondes qu'on pourrait confondre avec celle de la porte d'entrée.

Dans les nouveaux appartements pour riches trentenaires, la cuisine est un lingot en aluminium qu'on utilise finalement assez peu, conçu pour rester esthétique. Moins on fait de cuisine, plus elle est présentable.

Bien sûr, certains auront veillé à prévoir un store à descendre lorsque le chef se met au travail. Les vrais chefs, eux, n'en ont pas besoin, habitués désormais à tout rendre visible. Chez les Piège, la cuisine est forcément ouverte… « Sinon, on passe la soirée sans lui », proteste son épouse. Ils ont « l'équipement pour », même une rôtissoire à domicile.

Inviter dans sa cuisine est un gage de créativité

Ceux qui invitent dans leur cuisine montrent qu'ils n'ont rien à cacher. Pour les artistes, c'est signe que vous n'avez jamais été aussi près de leur processus de création. Dans les années 80, la fréquentation de la cuisine d'Azzedine Alaïa, rue de Bellechasse, à Paris, n'a rien à envier à celle du Palace[1]. On y croise sa muse Grace Jones, la décoratrice Andrée Putman, le chorégraphe Jean-Paul Goude et même Tina Turner. Patrick Modiano, ou l'artiste Julian Schnabel qui décore les maisons successives du couturier peuvent être présents aussi[2]. Puis Alaïa déménage dans un grand entrepôt du Marais et là encore, la cuisine devient la salle de réception. « Sa cuisine, c'est son atelier. Là où il travaille et reçoit », écrit Fabrice Paineau dans *l'Obs*.

Certaines maîtresses de maison refusent d'être suivies dans la cuisine

Tout le monde n'apprécie pas d'être suivi en cuisine. Certains invités tiennent absolument à y aller : ceux qui n'arrivent pas à rester longtemps assis à table, ceux qui veulent signaler au reste de la tablée leur proximité avec l'hôte ou encore ceux qui espérent prendre une longueur d'avance sur le débriefing de fin de dîner (« Qui est cette fille qui ne parle que d'elle ? »). Cet empressement n'est pas plus apprécié que de quitter la table pour fumer. La reine Elizabeth, dînant avec ses petits-enfants, a été déçue par leurs difficultés à maintenir une conversation. « Je suppose, a-t-elle dit à sa cousine, qu'ils ont l'habitude de se lever tout le temps à table pour rendre service ou mettre quelque chose dans le lave-vaisselle parce qu'ils n'ont pas assez de staff[3]... »

CINQUIÈME ÉTAPE

Inviter à dîner suppose de servir un dîner

On n'est pas là pour manger

« Il y aura du caviar au dîner qu'offre ce soir Adrien Deume, membre de section A, à son supérieur hiérarchique, M. le sous-secrétaire général de la Société des Nations. »

ALBERT COHEN, *Belle du Seigneur*

Il n'est pas indispensable de donner le menu

Puisqu'il s'agit de suggérer qu'on entre dans votre intimité, mettre sur la table des menus imprimés singeant les restaurants n'aurait pas de sens.

Sauf à jouer la cohérence parfaite avec le cadre : chez Philippe Villin, les « menus imprimés sont déposés près de la vaisselle ancienne et des couverts en argent[1] ».

Là encore, il ne s'agit pas d'annoncer un menu mais de mettre en scène des traditions, de s'inventer des racines. Quand Jean-Louis Debré reçoit, « il s'amuse à créer des menus typiques, faisant imprimer l'histoire du plat au recto de la carte disposée sur les tables. La poule-au-pot raconte Henri IV, un vin de Chinon, le *Gargantua* de Rabelais[2] ».

On n'est pas obligé que ce soit bon

Certes, « les Rochas cuisinent divinement bien ». Bien sûr, « la décoratrice Marie-Dominique de Montmarin offre une cuisine exceptionnelle ». Mais personne n'a jamais perdu d'invité parce qu'on ne mangeait pas très bien à sa table.

Quand les gens évoquent un dîner en ville, c'est pour ce qu'ils y ont vu ou entendu. Rarement pour ce qu'ils y ont mangé.

Ceux qui veulent montrer qu'on n'est pas chez eux pour la nourriture n'hésiteront pas à servir alternativement un pot de rillettes ou un menu traiteur avec maître d'hôtel, de la perfection ou des restes de frigo pour montrer qu'ils s'en fichent, qu'ils sont dégagés de tout cela.

Servir n'importe quoi, c'est aussi une réaction à l'empressement du tout-venant à se piquer de gastronomie. Depuis que les particuliers se plient en douze pour imiter les grands restaurants en regardant « Top Chef », les nouveaux grands chefs ne ratent pas une occasion de glisser qu'ils adorent se faire une omelette aux chips[3] ou se réconforter avec des Knackis et de la purée instantanée[4].

À force de s'en faire servir, on apprend vite à reconnaître les pains-surprises et les fondants au chocolat Picard dont il se vend un million d'exemplaires en France chaque année.

Servir une nourriture discutable et conserver son réseau, c'est la preuve que l'on compte vraiment. Comme la communicante Anne Méaux, réputée pour son utilisation du surgelé. « La cuisine n'est pas la spécialité d'Anne[5] », plaisante en « off » un client et ami, qui s'est dévoué pour couper le gigot. On dit aussi de la femme de Philippe Gloaguen, le patron-fondateur du *Guide du Routard*, qu'elle peut inviter avec des dîners Picard de bout en bout. Quand Serge July reçoit le groupe des anciens de *Libé* qui se retrouvent tous les deux ou trois mois à dîner depuis sept ans, il est entendu que chacun apportera de quoi manger. « Les standards d'exigence sont très bas », dit l'un des présents.

Évidemment, on compte encore quelques convives qui tiennent à bien manger. Guillaume Erner sert souvent le même dîner. Du saumon à l'apéritif, un risotto passable avant des glaces Bertillon en dessert. Une de ses invitées se souvient s'être décommandée à la dernière minute. « Je n'allais pas casser mon régime pour un truc sans intérêt… »

À table, motus. Si l'on s'aperçoit que c'est immangeable, recommande la baronne Staffe, « les invités ne doivent pas s'en apercevoir ». Elle n'a qu'un conseil : « On mange bravement. »

Les maîtres du logis ne doivent commenter ni la qualité des plats, ni celle des vins, recommande encore la baronne, « le cas ne doit pas se présenter d'avoir à s'excuser auprès des convives ; vanter son dîner serait encore plus ridicule et moins délicat[6]. »

Bon ou mauvais, si vous êtes la puissance invitante, personne ne vous sera jamais reconnaissant pour votre franchise.

Il n'est pas indispensable de cuisiner soi-même

« Les Américains n'ont pas de cuisine, ils ont une tablette ! » lâche horrifiée une Française expatriée à propos de ces repas qui sortent des sacs des livreurs en barquettes ou en boîtes de plastique en même temps que les invités des ascenseurs. Non que les Français fassent toute la cuisine eux-mêmes. Certains sollicitent des traiteurs, mais avec discrétion, ou au contraire, si son savoir-faire est enthousiasmant, en mettant en avant celui ou celle qui devient la star de la soirée.

C'est la fin du traiteur classique. Plus personne n'achète son repas complet chez Lenôtre ou Dalloyau. Recevant dans les formes mais sans modes archaïques, l'ex-cadre lobbyiste de TF1 Pascal Houzelot fait appel à un « excellent thaï ». « Un chauffeur, je n'en ai pas besoin. Un domestique serait toujours dans mes pattes. Je ne sais pas cuisiner… mais j'aime manger », explique un homme d'affaires pour justifier que le premier de ses luxes fut de prendre un chef chez lui. Appelé occasionnellement, cela ne gâte rien qu'il soit un peu célèbre. Michel Guérard s'est chargé du menu du dernier dîner offert par Alain Minc, glisse une de ses ennemies. Parfois, c'est un cadeau que l'on fait à ses proches, tel l'écrivain Nicolas Rey recevant tous ceux qui l'ont aidé dans son deux-pièces pour déguster un dîner, clôturé d'une glace à l'huile d'olive, préparé par un chef.

« Je suis assez exigeant, explique Paul Boury, pour justifier avoir fait appel au "chef du boucher à la mode"... » Il se lève, frappe à la porte de son assistante. « Comment s'appelle-t-il, déjà ? » Oui, il y a des bouchers à la mode, des fromagers à la mode... Le fondateur de Vente-Privée Jacques-Antoine Granjon a embauché Naoëlle d'Hainaut, candidate de l'émission « Top Chef » en 2013. Effet « vu à la télé » garanti.

Pour les femmes, la sous-traitance reste moins bien vue. Entendu : « Elle reçoit très gentiment mais ce n'est pas elle qui fait. » Notez le « mais » en ce début de XXIe siècle.

Autrefois, on s'appliquait à débarrasser la cuisine de toutes traces de travail avant l'arrivée des invités. Aujourd'hui, une journaliste parisienne transvase les plats du traiteur dans sa propre vaisselle et épluche quelques légumes dont elle laisse traîner les reliefs sur le comptoir de sa cuisine pour qu'ils soient visibles. Faire la cuisine quand on est femme au foyer, c'est vivre dans une autre époque. Quand on a une carrière accomplie, c'est d'une modernité inouïe. « Mon petit salé aux lentilles a bien plus de succès qu'une tranche de bœuf façon traiteur », établit Patricia Chapelotte. Valérie Solvit est aussi célèbre pour son entregent que pour son poulet rôti fétiche du samedi soir. « Un poulet rôti, c'est un événement, c'est beau, rassembleur… Les plats qui fédèrent imposent une façon de partager. » La directrice de communication d'un palace s'est un jour exclamée : « Tu ne le sers tout de même pas aux gens que tu ne connais pas ! » Le compliment lui est allé droit au cœur.

Rien ne sert de tenter d'imiter les émulsions et les filets levés des grands restaurants : plus on en rajoute dans la simplicité, plus on se fait croire qu'on est presque en famille.

Faire faire par la femme de ménage, c'est faire soi-même

Quand la femme de ménage s'est chargée de la cuisine, cela se classe dans la catégorie fait-maison : elle est supposée être une extension de soi. « C'est une femme de ménage avec qui je suis depuis longtemps », dit un hôte de Neuilly, un coup de main intérimaire serait de la sous-traitance. « J'ai une femme de ménage qui adore la cuisine. Elle vient le matin et tout est prêt quand j'arrive », dit une hôtesse dont on se demande si elle ne fait pas une faveur à son employée en la laissant cuisiner à sa place.

Un homme aux fourneaux ne se cache pas pour faire la cuisine

Directeur d'une agence de publicité, Sébastien Danet est connu pour ses talents de cuisinier. Pendant une dizaine d'années, une fois par an, il organisait chez lui un grand repas autour de la truffe pour une quinzaine de personnes… (Le dessert n'était pas à la truffe). Quand l'homme se pique de cuisine, le repas entier célèbre son savoir-faire. L'approche est quasi professionnelle. Dans son dernier appartement, le publicitaire, qui se targue d'une très belle collection de menus, avait fait construire une bibliothèque dans laquelle les étages de livres alternaient avec les casiers de bouteilles de vin. Il a signé une chronique gastronomique dans *La Tribune*, rédigé un livre de cuisine, pris trois mois sabbatiques pour aller passer un CAP de cuisine dans le centre de formation d'Alain Ducasse, pour en finir quasi dégoûté à force de n'entendre plus parler que de technique, lui qui s'attendait à discuter de saveurs.

Quand l'homme qui reçoit s'est mis aux fourneaux, cela ne signifie pas qu'il assure chez lui la cuisine au quotidien. Le plat servi est généralement précédé d'un prénom possessif. D'elle, on dit : « Elle va faire du couscous. » De lui : « Il va vous faire SON couscous. » Germaine va faire du risotto, « Guillaume va faire SON risotto ».

L'homme qui fait la cuisine est attaché à son matériel comme autrefois à sa boîte à outils. Une femme se sert

« des couteaux », l'homme a besoin de « ses couteaux », même si cinq personnes vivent dans le même foyer.

Celui qui raconte la table l'a préparée

« Ce qui compte finalement, ce n'est pas que la bouffe soit bonne mais qu'elle ait été préparée, qu'elle ait une histoire », résume Jérôme, l'organisateur des « dîners improbables ». Le jour où il a raté la cuisson de ses panais, il s'est autant réjoui de le raconter que de les servir. C'est ce que font tous les gens qui vous narrent le parcours de l'huile d'olive posée sur la table et achetée à un petit producteur ou à Jean-René de Fleurieu, qui fut le deuxième mari de Agnès B. Ils vous parlent de ce caviste devenu un ami chez qui ils ont acheté ces bouteilles de Cahors sur la table. Ils ont parcouru tout Paris pour prendre le pain ici, le dessert là et la viande chez Desnoyer. S'ils peuvent raconter ce qu'ils vous servent, c'est un peu comme s'ils avaient fait la cuisine. Les tables des particuliers se sont laissé contaminer par cette tendance au *name dropping* qui affecte les menus bavards de grands restaurants où n'importe quel produit a une histoire et provient de quelque part. Quand les olives viennent de chez Cédric Casanova, quand les carottes arrivent de chez Valdemar Barreira, remplaçant de Joël Thiébault, le maraîcher qui fournissait les grandes tables parisiennes, on ne mange pas des olives et des carottes, on partage du capital culturel.

Les plats-signature contribuent à votre *personal branding*

Tout comme on peut tenter de rester dans les mémoires en conservant le même soir pour recevoir, on peut aussi choisir un plat et s'y tenir. Pendant longtemps, l'homme d'affaires André Dunstetter a reçu autour de grandes choucroutes commandées au chef Haeberlin de l'auberge de l'Ill. En fonction de ses déménagements et de la taille de ses appartements, elles ont nourri jusqu'à cent trente personnes. Aujourd'hui, quand il reçoit, c'est dix convives maximum placés à table. Mais la choucroute est restée son plat-signature. « Le couscous de Brahim », se dit-on dans le milieu du cinéma de celui qu'un producteur vient préparer dans la cuisine de ceux qui l'invitent. « Le même qu'il prépare à Cannes ! »

Toujours prévoir au menu un plat qui se laisse mijoter

Sans service, il n'est pas question de repartir en cuisine surveiller la cuisson rosée des magrets de canard, au risque de rater une anecdote sur une nouvelle trahison au sein d'un grand parti politique. C'est la raison pour laquelle on prévoit toujours un plat qui se laisse mijoter deux heures (entendu : « L'avantage du veau, c'est que ça se réchauffe. ») Les seuls cas dans lesquels on met au menu des préparations qui demandent un travail de dernière minute sont ceux où le repas se passe en cuisine et ceux où l'on peut avoir des raisons de vouloir fuir son propre dîner. Un hôte se souvient ainsi du jour où il avait préparé un risotto en sachant qu'un invité était d'un ennui à mourir. Il était ravi de pouvoir s'échapper avec une cuiller en bois à tourner en cuisine.

Il y a encore des gens qui croient s'encanailler avec un plat unique

« Je vous préviens, c'est plat unique... », entend-on parfois, comme si les invités risquaient de faire marche arrière. Le « plat unique » est toujours précédé d'une excuse mise en scène. La formule remonte aux années 70, où elle signifiait un pied de nez aux conventions bourgeoises. Un demi-siècle plus tard, elle semble toujours audacieuse dans certains dîners. Quand elle parle des choucroutes qu'elle peut servir en hiver, on sent que cette hôtesse a l'impression de briser toutes les convenances. « Je ne me crois pas obligée de servir une entrée avant, comme dans beaucoup de maisons ! »

Le décorum et les grands crus sont chargés de rappeler que le plat unique a été servi par choix et non par défaut. Comme par exemple dans « Pierre Bergé a le sens du pot-au-feu avec un grand bordeaux ».

Le « dîner froid » est une autre audace des années 1970 qui n'a toujours pas été entièrement digérée. Entendu : « Elle a fait un dîner froid mais elle s'est excusée » ou encore « le dîner froid, c'est bien en vacances... ».

Même quand on prétend tout bouleverser, l'ordre reste le même

Vous pouvez « faire plat unique », « sauter le fromage » ou tout autre geste intrépide dont vous ferez semblant de vous excuser, l'ordre des plats perdure formidablement. Prenez une photo de la table d'un dîner et celui qui y jettera un œil pourra immédiatement se représenter à quelle étape du repas vous en êtes. Car subsiste encore la tradition, chez ceux qui mijotent un dîner, de servir des plats les uns après les autres plutôt que de tout mettre sur la table. Contrairement aux réceptions américaines par exemple, le dîner à la française respecte l'idée de cette gradation. Dans le dossier déposé auprès de l'Unesco pour y faire classer le repas gastronomique français, il est précisé qu'« il commence par un apéritif et se termine par un digestif, avec entre les deux au moins quatre plats ».

Ne jamais être trop à la mode

> « Les sœurs Tatin quand elles ont inventé la tarte Tatin n'avaient pas la recette de la tarte Tatin. »
>
> MICHEL SERRES[1]

« Dis-moi ce que tu manges, je te dirai qui tu es. » L'adage de Brillat-Savarin reste vrai. On avoue son âge avec de la tomate-mozarella. On se rajeunit avec du boulgour… Dans les dîners en ville, comme sur les podiums, les modes se démodent. « En 1969, quand mon père a décroché la troisième étoile, nous servions encore du melon au porto et de l'avocat-crevettes : inimaginable aujourd'hui ! », se souvient Marc Haeberlin de l'Auberge de l'Ill, en Alsace[2]. Aujourd'hui, on oserait à peine pour un dîner.

Les dîners en ville ne sont pas des lieux d'innovation

Pourtant, les dîners préfèrent laisser les innovations aux restaurants. Chez soi, on est là pour se rassurer, pour se montrer qu'on connaît les codes et déplorer les excès des avant-gardistes ou le mauvais goût de ceux qui n'ont rien appris. Finalement, en comparaison des changements qui ont affecté la société française au cours des trente dernières années, les dîners en ville ont à peine bougé (sauter le fromage n'est pas une transformation radicale).

« Les alliances nouvelles de mets singuliers leur arrachent des cris. Ils oublient que longtemps, par exemple, on dégustait les huîtres en buvant du sauternes, qu'on commençait les repas par les fruits, qu'on mélangeait viande et poisson dans de mêmes cuissons, qu'on élaborait des plats où se côtoyaient le sucré et le salé, qu'on préparait, il y a une éternité, des poulets au chocolat », écrit Michel Onfray[3]. « Chez eux, le passé est adorable, le présent détestable et le futur ne saurait être qu'apocalyptique. Chaque époque a porté ce genre de pleureuses. »

Plus on en est loin, plus on mange terroir

Bouchée à la reine, pâté en croûte ou millefeuille ne vous enferment pas dans le passé. « La nostalgie est un facteur de bonne humeur et d'appréciation du présent... », observe le professeur Lejoyeux[4].

L'historienne de l'alimentation Julia Csergo fait remonter au début des années 80 l'apparition dans les magazines de toutes sortes d'articles de cuisine insufflant « une nostalgie de la tradition, de la qualité et de l'authenticité, des saveurs perdues et des légumes oubliés, des nourritures d'enfance devenues nourritures d'en France ». Le « marketing de la madeleine » « autorise la modernité urbaine à renouer avec ses attaches provinciales et avec le plat consacré par le souvenir[5] ».

Quand elle dit recevoir « sans chichi », une hôtesse de Neuilly sert un pot-au-feu. D'autres parlent de leur potée au chou. Bref, un plat qui semble droit sorti des boîtes orange des fiches cuisine de *Elle* des années 70.

Aujourd'hui, on est fier de présenter des plats qui échappent aux modes, garantis sans chou kale ni yuzu. Le charcutier Gilles Vérot se voit commander des « oreillers de la belle Aurore » pour trente personnes (car la princesse Aurore aimait le pâté). Ce snobisme du retour du pâté en croûte est lui aussi dicté par la nostalgie.

Quand on se croit sans avenir, on replonge dans les valeurs fondamentales, dans l'idée d'un âge d'or. Il fut un temps où nos liens étaient doux, promettent en arrivant sur la table ces vieux plats remis au goût du jour.

La barre de la prouesse s'est élevée

Maintenant que n'importe quel téléspectateur de « Top Chef » se prend pour Alain Ducasse, on présente des plats ou délibérément simples ou à l'inverse franchement infaisables, de ces plats si compliqués à réussir que seuls des ingénieurs semblent pouvoir y parvenir. Autrefois, un soufflé suffisait à épater. Avec tout l'équipement de cuisine désormais disponible, la barre aujourd'hui est plus élevée. D'où le succès de l'« œuf parfait », une recette qui « date de la grande époque de la cuisine moléculaire et exige de cuire l'œuf à basse température – 65 °C – pendant une heure, pour servir un œuf au blanc plus translucide et au jaune plus soyeux[6] ».

Les saint-jacques et le caviar pour ne pas se tromper

Parmi les plats les plus courants aujourd'hui, les saint-jacques : c'est cher, c'est mou et ça se mange facilement. Daniela Lumbroso en a servi à François Hollande et ses amis. « L'entrée est encore composée d'une soupière de saint-jacques (à croire qu'il s'agit de l'aliment phare partout) », note Anne Vega dans un de ses dîners de ministère[7]. Viennent ensuite « les sempiternelles langoustines ».

« Tu leur files du caviar… même s'ils sont riches, ils n'en mangent probablement pas souvent… », lâche la directrice d'une salle de ventes. De quoi se remémorer une des maximes de Karl Lagerfeld : « Souvent aujourd'hui, le luxe, ce sont des choses chères achetées par des gens quelconques qui ne mènent pas une vie de luxe[8]. »

On ne sert des pâtes que lorsqu'on a les moyens de servir autre chose.

Comme l'a expliqué la cousine de la reine d'Angleterre, Lady Elizabeth Anson, organisatrice de ses réceptions, « un dîner avec du vin de table et des bonnes pâtes ou des saucisses avec de la purée peut être aussi réussi qu'un dîner avec du champagne, du caviar, des huîtres et du homard... Ce n'est pas le prix des ingrédients qui compte mais les gens. » On ne demande qu'à croire qu'il y ait des soirées pâtes à Buckingham. C'est un classique. Lorsque des célébrités sont interrogées sur ce qu'elles aiment faire de leurs soirées, elles répondent en général qu'elles adorent servir un grand plat de pâtes à leurs amis. Jamais qu'elles aiment servir des choses très chères.

« On peut recevoir très bien avec du chili con carne ou un velouté de poireaux », vous assurent des gens qui n'en cuisinent jamais.

Le fils de pub Patrizio Miceli se targue d'envoyer des sms d'invitation au dernier moment pour ses *pasta parties*. Cela ne peut certainement pas faire pauvre : son agence de communication travaille pour les grands du luxe. Les pâtes, cet Italien en a fait sa marque de fabrique. « Là c'est l'agence, là ce sont les sauces », dit-il en faisant visiter ses bureaux. Son agence s'appelle Al Dente et, à côté de ses films et productions digitales pour Chanel ou Hermès, il a développé une gamme de sauces tomate. Comme le dit le grand poster affiché à l'entrée de son agence : « J'aime les pâtes, j'aime le riz, j'aime les pâtes au Ritz. »

Pas de fondue sans échangisme

Chaque mode dit quelque chose des dîners de l'époque, estime David Sax, auteur de *The Tastemakers*, une enquête sur les tendances alimentaires[9]. « Ce n'est pas une coïncidence si la mode des fondues a pris aux États-Unis en même temps que la révolution sexuelle », estime-t-il à propos de ce plat très en vogue dans les dîners des années 70. Impossible de manger une fondue sans contacts physiques. « La fondue n'est pas compatible avec des inhibitions – la fondue n'existe pas en portions individuelles –, c'est un repas d'intimité forcée. » À le lire, l'échangisme et les repas consistant à plonger son petit bout de pain sans garantie de contrôle dans un caquelon commun ne pouvaient que se développer simultanément. Rien de très attrayant pour les nouvelles générations, trop individualistes et trop hygiénistes pour manger dans un plat commun.

Le plat ethnique sera précédé du mot « vrai »

Servez une entrecôte à dîner, personne ne se demandera s'il s'agit de la « vraie entrecôte ». Alors que le couscous, la paëlla ou le tagine s'accompagnent toujours de légendes d'authenticité.

On parle souvent de « vrai couscous », alors que, note la spécialiste en anthropologie de l'alimentation, Annie Hubert, « le plat n'est jamais "authentique" d'une seule manière, il se conjugue sur trop de registres, on en fait ce qu'on veut[10] ».

Le fromage passe du tout au rien

« On fait de moins en moins de fromage », note une lobbyiste en employant curieusement le terme de « faire » du fromage. « Les femmes surveillent leur ligne. Deux invités en prennent et le plateau vous reste sur les bras… » Et puis maintenant, les derniers invités arrivent tard, les premiers partent tôt, alors on préfère éliminer un plat pour raccourcir le temps passé à table, comme Nicolas Sarkozy l'avait fait à l'Élysée.

Ou bien on ne sert qu'un seul fromage, énorme. Un vrai parti pris, l'air de dire « je sais ce que je choisis ». Un gros saint-nectaire sur la table et voilà. On précisera qu'il vient de chez Barthélemy, rue de Grenelle. « Comment s'appelle déjà ce Japonais de la rue des Petits-Champs qui fait des choses incroyables… » Bien sûr, le crémier japonais, comment avait-on pu oublier ?

Il n'y a plus du sel mais des sels à table

Il peut être rose et récolté en Himalaya, noir et venir d'Hawaii. C'est un ami qui vous l'a rapporté d'Australie, à moins que ce ne soit de la fleur de sel récoltée dans les marais guérandais. Quelle que soit leur couleur, ces sels ont en commun de saler.

Le copain est celui qui partage son pain

Aux États-Unis, une invitation inclut toujours un travail de déminage sur la nourriture que vous préférez. On ne demande pas « vous avez des allergies ? » – et pourquoi pas une copie du carnet de santé – pas plus que « vous avez des interdits alimentaires ? » – ça fait inquisition religieuse – mais « y a-t-il des choses que vous ne mangez pas ? »

En France, si on vous pose la question, vous pouvez bien sûr répondre par l'affirmative et dresser l'inventaire des aliments que vous évitez, mais cette façon de faire sécession à table n'est pas toujours bien acceptée. On a encore en tête que le copain est littéralement celui qui partage le pain, et celui qui ne veut pas du vôtre dérange.

« Je veux bien que tu sois végétarien mais bouffe tes légumes et tais-toi », lâche Cécile David-Weill, exaspérée à propos de ce genre d'invités. Une autre hôtesse n'a toujours pas pardonné à l'invité qui a lâché « je ne vais prendre que du riz blanc » après avoir fait un retour au judaïsme. En France, quelles que soient ses raisons, celui qui ne mange pas de ceci ou de cela passe pour un emmerdeur. Claude Fischler, sociologue de notre assiette, l'explique très bien : « Si je vous donne à manger, vous êtes dans l'obligation de l'accepter. Le don de celui qui reçoit n'est pas à sens unique. L'autre donne de lui-même, de sa confiance. » En expliquant qu'on ne mange pas tel ou tel aliment, on renverse ce contrat. « Chacun manifeste qu'il joue un autre jeu[1]. »

Il vaut mieux un plus petit dénominateur commun que des plats séparés

Pour s'éviter des déconvenues et risquer de voir nos copains ne pas partager notre repas, on commence à éliminer certains aliments. Une bonne hôtesse s'arrange toujours pour qu'il y ait un plat végétarien.

Du porc, on est passé à l'ensemble des viandes à servir séparément. Certains hôtes ont ajouté le pamplemousse à la liste des ingrédients à ne pas oser proposer à leurs invités (« à cause des gens qui prennent des médicaments non compatibles »). « Manger c'était un peu l'affaire de tous, ça devient l'affaire de chacun », pour Claude Fischler.

Toujours parce que les copains partagent le pain, on ne se fait pas apporter un petit plat personnalisé. Nicolas Sarkozy mettait mal à l'aise ses convives en étant le seul à manger du fromage blanc maigre. Roselyne Bachelot se souvient d'un repas organisé à Matignon par Édouard Balladur pour des parlementaires. Il fit servir à ses invités du cassoulet dans des cocottes et se fit apporter un tournedos avec des haricots vapeur. « Le message était clair : vous êtes des bouseux, qui allez ronfler tout l'après-midi… Ce jour-là j'ai su qu'il ne serait jamais président[2]. »

Le plus fort est celui qui impose sa nourriture

Si quelqu'un ne mange pas de quelque chose, aux États-Unis, on s'adapte ; en France, le jeu consiste à le faire plier. « Tu n'aimes pas la blanquette de veau mais tu n'as pas goûté celle-là… » Y parvenir est une démonstration de pouvoir. Le journaliste Jean Mauriac qui suivait De Gaulle fit un jour signe à un maître d'hôtel pour lui indiquer qu'il ne prendrait pas de soupe. « Servez du potage à Monsieur », intervint le Général. Au pavillon de La Lanterne, lorsque Nicolas Sarkozy passe avec insistance un plateau de chocolats, le communicant Jean-Michel Goudard, astreint à un régime sans sucre, comprend qu'il lui faut accepter. « L'empressement présidentiel n'admet aucune diète personnelle, hormis celle du président lui-même », rapporte Émilie Lanez dans son livre consacré à la résidence de l'État, La Lanterne[3].

Manger léger est devenu un attribut du pouvoir

Dans la cuisine bourgeoise, écrit Michel Onfray, « l'indigestion est un titre de gloire, l'apoplexie, la manière élégante qu'a le bourgeois de trépasser[4] ». Mais tout a changé. « Rien ne nous révulse plus que ces gros messieurs apoplectiques attablés pour des repas qui s'éternisent », disaient déjà Henri Gault et Christian Millau[5]. Gaver ostensiblement ses invités ne se fait plus, cela vous donne des airs ploucs de mariage de province des années 70.

Le pouvoir ne consacre plus les gros. Autrefois, les politiques devaient se montrer bons vivants, aujourd'hui, l'embonpoint est devenu la preuve de leur manque d'autodiscipline. Nicolas Sarkozy a commencé à leur faire la traque quand il était président. Ségolène Royal ne voulait jamais être photographiée en train de manger.

Chez le médecin Frédéric Saldmann, dont les best-sellers promettent la longévité, « le menu est évidemment light, légumes sous toutes les formes, poisson grillé, sorbets[6] ». Blanche de Kersaint du *Bottin mondain* propose du chèvre plutôt que de la vache sur son plateau de fromages. « Ça ne fait pas grossir… » France Roque sert de la purée de céleri avec ses viandes « pour les dames ». Proposez une tarte tatin et certaines jeunes femmes mangeront la pomme en laissant discrètement la croûte dans un coin de l'assiette.

Et bien sûr, plus personne ne fait carême depuis que tout le monde se surveille. « Dans notre monde où l'on mange trop, ce sont les médecins et les spécialistes de l'esthétique qui prescrivent le jeûne pour des raisons de santé ou de "forme" ; aussi ne saurait-on considérer la diète comme une pénitence », observe la chercheuse italienne Lucetta Scaraffia[7].

« La gourmandise commence quand on n'a plus faim », disait Alphonse Daudet. C'est la raison pour laquelle, à la fin de ces dîners, arrivent des assiettes de gourmandises minuscules. La directrice du marketing d'un très célèbre traiteur parisien expliquait le succès du macaron par « l'illusion du contrôle calorique » (si les plaques de chocolat sont découpées en carrés, c'est aussi pour vous faire croire que vous contrôlez votre consommation). Des macarons, financiers, cannelés et autres douceurs surgissent donc en format miniature au dessert.

Boire en faisant semblant de boire moins

« D'aller chez elle n'apporte rien, elle ne donne pas d'informations mais elle sert du bon vin. »

UN INVITÉ

Pour la boisson aussi, *less is more*

On garde à tout hasard une bouteille de vodka au congélateur. Certes, le whisky reste une valeur sûre des vieux mondains. Mais l'apéro au whisky, avec huit bouteilles au choix à l'apéritif, ça ne se fait plus chez les moins de cinquante ans. Pas plus que la batterie de verres alignés sur la table.

On n'échappe pas au champagne

« Il y a toujours, toujours, du champagne ; la marque est un signe discret de la nature de la réception », note Bertrand de Saint Vincent[1]. Si les invités en ont apporté, la qualité des cépages est inversement proportionnelle au nombre de personnes à dîner.

La bouteille arrive toujours avec une histoire

« Du chasse-spleen ? C'était le vin préféré de Pompidou ! » On ne boit pas de vin, on boit une histoire, un ancrage culturel… « La tradition est de servir le vin de la région d'origine du ministre », note un cuisinier à propos des réceptions ministérielles[2].

Comme pour le tableau au mur, on raconte comment on est « tombé » sur ce vin… qui lui aussi a toute une histoire.

Bien sûr, les Français aiment commenter le vin. Tous ceux qui ont pris des cours d'œnologie sont ravis d'amortir leur investissement.

L'œnophile, qui a déjà hésité à apporter ses bouteilles, se pose d'autres questions au cours du repas. Lui faut-il dire ce qu'il pense vraiment du vin ? Doit-il être celui qui dira si un vin est pété ? Jusqu'où doit-il expliquer à la tablée ce qu'elle boit, et à partir de quand entame-t-il un tunnel insupportable et condescendant ?

Si le vin est très bon, on risque de ne pas pouvoir se resservir

Bien sûr, un très bon vin mettra de la poudre aux yeux. Il est toujours tentant de servir de l'étiquette. Même si l'on déplore la nouvelle habitude qui consiste à mettre une très belle bouteille sur la table, mais une seule.

Faire boire ses invités plus qu'on ne boit

Alors qu'on boit de moins en moins dans les déjeuners d'affaires, au dîner, on peut encore boire beaucoup. La puissance invitante le sait : c'est si l'on boit trop que l'on se souviendra de son dîner. L'alcool est une drogue myope, note l'auteur américain Adam Gopnik[3]. Il concentre l'attention de celui qui l'ingère sur ce qu'il se passe là, juste devant lui, à l'exclusion du reste. Voilà pourquoi on parle trop quand on a bu : on a, en toute bonne foi, oublié que le reste du monde continuerait à exister le lendemain.

Tout le jeu consiste à faire boire et à se surveiller. Jusque dans les ministères où « les conseillers sont traditionnellement tenus de garder leur langue dans leur poche (donc invités à manger du beurre avant les cocktails pour neutraliser les effets de l'alcool)[4] ».

Bien sûr, l'hôte ne doit pas boire autant que ses invités. Le journaliste Jérôme Godefroy se souvient avoir organisé un dîner à Washington à la demande d'Olivier Mazerolle, alors directeur de la rédaction de sa radio, en visite. Stressé, il se servit à boire en préparant le repas. Au point qu'il dut s'éclipser ivre pour aller vomir quelques heures après l'arrivée des invités. L'alcool peut être alcoolisé.

Quand le roi ne boit pas, ses sujets n'ont plus soif

Les dirigeants du groupe LVMH le savent : Bernard Arnault ne boit pas (« ça se voit », disent ses ennemis). Il ne touche pas aux verres d'alcool qui lui sont servis. Xavier Niel non plus, mais il possède une collection de grands crus et ouvre de belles bouteilles pour ses amis[5]. Il reste au Coca Light, tout comme Karl Lagerfeld dont la légende dit qu'il ne consomme que cela du matin au soir. À l'Élysée, Nicolas Sarkozy avait avoué ne pas aimer le vin, même si, remarié avec Carla, il fait servir à ses invités d'excellents alcools qu'il les presse d'accepter[6].Tous ont développé des techniques pour se laisser servir sans toucher à leur verre et ne jamais dire « non merci, je ne bois pas d'alcool... »

Si l'on ne boit pas d'alcool et qu'on ne prend pas de dessert, « il faut redoubler d'esprit et de conversation pour compenser », admet Karl Lagerfeld qui suit un régime strict pour continuer à rentrer dans ses jeans[7].

Les bouteilles d'eau deviennent festives pour faire oublier l'ennui de ceux qui ne boivent pas

Beaucoup de gens ne boivent plus que de l'eau sur les recommandations de leur gourou indien dans le Kerala. C'est pourquoi on y ajoute des feuilles de menthe ou des rondelles de citron. Les soirs de fête, le buveur d'eau s'ouvre une bouteille d'eau pétillante.

Une hôtesse a installé des petits panneaux « stop fumée » dans sa salle à manger. Était-ce vraiment indispensable ? L'époque est passée où toutes fenêtres fermées, des chauves au teint rubicond pouvaient enfumer des femmes enceintes. Désormais, on est prié d'aller fumer sur le balcon.

Parfois, on regrette de ne pas fumer pour pouvoir s'éclipser. Entendu d'un homme quittant la table pour accompagner des fumeuses : « Je viens vous regarder fumer. » Car ce sont souvent les femmes qui fument encore (elles n'osent pas arrêter de peur de grossir, croient celles qui ne fument pas).

Les dernières tables où la cigarette est acceptée en font quasiment un argument. Jean-Christophe Laizeau porte un sweat-shirt « jardinier parisien » dans son appartement avec vue sur le bois de Boulogne. Il a gardé l'habitude de présenter des cigarettes dans des timbales. Valérie Solvit aime l'ambiance rêveuse que donnent les cigarettes, ce petit côté cinématographique de la vie. En bras d'honneur aux « mormons de la clope », elle pose sur la table des cendriers que les dîneurs n'utilisent pas, leurs cerveaux ayant trop enregistré l'interdiction de fumer.

Le cigare, quand il est proposé, signifie qu'on est encore là pour au moins trois quarts d'heure et suppose d'inviter ses fumeurs dans une pièce à part.

Il n'est pas convenable de prendre de la cocaïne avant le dîner. La maîtresse de maison n'a pas envie de se retrouver avec la totalité des plats prévus sur les bras.

Seuls les êtres éthiquement insoupçonnables peuvent sortir leur drogue à table, telle Marceline Loridan allumant un pétard.

Les hôtes, pour ne pas s'exposer, laisseront leurs invités monter au créneau. Comme cette directrice de publicité qui pour un dîner chez elle demande à un invité d'apporter de quoi faire un joint et lui lance des regards pour lui faire comprendre qu'il est temps. « J'ai senti que j'étais obligé de rouler », se souvient-il. « J'étais super gêné. Et évidemment après, comme t'as fumé, t'es parano… »

Le service ne doit être visible que des invisibles

> « Et puis la dame en noir avec le tablier blanc est entrée et a dit que maman était servie. Et ça m'a étonné, parce que je ne savais pas que maman non plus ne mangeait pas avec les autres. »
>
> GOSCINNY ET SEMPÉ,
> *Le petit Nicolas a des ennuis*

L'époque est largement révolue où, dans les grandes maisons, on comptait un serveur par personne à table. La taille des appartements étant réduite, il n'y aurait d'ailleurs plus de place pour en accueillir autant.

Si la maîtresse de maison est toujours en cuisine, son absence perturbe le dîner

« Si vous êtes reçu par une maîtresse de maison qui vous sert à table, vous ne la voyez pas », déplore un dîneur. On l'attend. En son absence, on hésite à poursuivre les conversations. À propos de ses réceptions à Louveciennes, Hélène Lazareff disait qu'« une bonne maîtresse de maison ne doit en aucun cas s'affairer, mais paraître très détendue au contraire afin que ses hôtes le soient également[1] ».

Le personnel de service ne connaît pas forcément mieux la maison que les invités

Chez Philippe Villin, quai des Célestins, un valet passe les petits fours. À son domicile de Neuilly, Martin Bouygues reçoit lui aussi avec un valet en livrée[2]. Mais nombreux sont ceux qui sauvent les apparences en faisant appel à du personnel de service pour la soirée. « Ça ne coûte pas si cher… », glisse un communicant, « 80 euros et on vous fait la vaisselle à la fin. » Chacun sait que le service n'est plus salarié, et celui qui s'en passe a simplement l'air « mal organisé ». Après avoir vu un chef d'entreprise glisser en partant d'un dîner un billet de 20 euros au maître d'hôtel, discrètement, mais pas assez pour ne pas être vu, un critique d'art a repris son habitude. Il en est maintenant des maîtres d'hôtel comme des baby-sitteuses : on sait qu'ils ne sont pas là à plein temps. « Il est bien ton maître d'hôtel. Je peux avoir son numéro de téléphone ? »

Comme la bouteille de vin, le personnel doit avoir une histoire

Pour se faire servir à table sans avoir l'air d'esclavagistes, l'idéal est d'avoir dans la poche une petite histoire au sujet des domestiques d'un soir. « C'est le fils de copains qui veut gagner un peu d'argent de poche. »

Mieux, ils ont un projet pour ouvrir des écoles à Madagascar. Vous pensiez vous faire servir à table, vous êtes en train de changer le monde. S'ils font des erreurs de service, on s'en attendrit, ça signe le « sans façons ».

S'il s'agit des fils de la maison, ça ne doit pas avoir l'air alimentaire. Lorsque le fils d'une éditrice fait le service sans un mot, la table tombe dans un silence gêné.

Chez cette communicante, vous verrez bien quelqu'un faire le service. C'est « la nounou », qui « adore faire à manger ». Certes, les filles de l'hôte ont 13 et 15 ans. Mais « nounou », c'est socialement plus acceptable que « personnel de maison ».

On ne respecte l'ordre du service que si l'on est sûr que les invités partagent les codes

Quand il n'y a pas de service, si l'on respecte le plan de circulation des plats façon boule de flipper (une invitée puis ses voisins, en laissant à chaque nouvelle étape la femme se servir avant l'homme), on risque de se retrouver avec un plateau de fromages échoué en bout de table sans réaliser qu'un quart des invités en a été privé.

Ne pas mettre de service pour ceux qui y sont habitués

On sait très bien qu'il ne faut pas mettre les petits plats dans les grands quand on invite son patron à dîner, on risquerait de paraître grotesque. Une hôtesse de bonne famille résume très bien ce paradoxe. Elle a son *butler* (en anglais, c'est plus moderne qu'un majordome) qu'elle emploie de temps en temps pour les cocktails et les manteaux. Mais jamais pour ses soirées avec les personnalités les plus en vue. Entre gens habitués au service à serveurs, la soirée « à la bonne franquette » a plus de chances de faire impression. « Plus les gens sont importants et ont l'habitude du service, moins tu leur en donnes. Les gens qui ont l'habitude du standing, si tu leur enlèves le service, ils se sentent comme chez eux après minuit quand le staff est parti… »

L'expression « à la bonne franquette » signale tout sauf que ce sera à la bonne franquette

Elle vous indique pour commencer que votre hôte a plus de 50 ans. Quand Patricia Goldman dit « à la bonne franquette », cela ne signifie pas qu'on va manger des pâtes sur la toile cirée de la cuisine, juste qu'il n'y aura pas de serveur pour le dîner.

Se passer de service (la nounou sera quand même là), c'est le code de l'entrée dans l'intime chez ceux qui y sont habitués. « Les serveurs, ça coupe toujours la parole… Je vous sers ? Vous reprenez du vin ? Chez soi, on a envie d'être à l'aise. » Chez Anne Méaux, la présidente d'Image 7, « la soirée où Anne-Aymone Giscard d'Estaing apporta la soupière sur la grande table de la salle à manger est restée dans les mémoires[3]. » Lorsque Claude Bébéar et sa compagne Françoise Colloc'h, ex-DRH d'Axa, reçoivent dans leur appartement d'un luxe incroyable, elle fait elle-même cuisine et service, apportant aux invités rompus aux maîtres d'hôtel le sentiment d'une délicieuse intimité.

SIXIÈME ÉTAPE

Conversation et vie de la table

On vient pour la conversation

« Un souper fin qui n'est pas un moment de l'esprit est un repas de fauves. »

ALBERT CARACO, *Le Galant Homme*[1]

Les dîners en ville sont des théâtres privés hérités des salons. Il est entendu qu'on n'est pas venu pour manger, mais pour ce qui va se dire à table. Pierre Bourdieu l'observait[2] déjà il y a près de cinquante ans : quand on les interroge sur ce qui leur semble le plus important dans les invitations à dîner, les cadres répondent en premier « qu'on ne s'ennuie pas » (47,9 %) tandis que les ouvriers donnent la priorité à ce qu'il y ait « assez à manger » (33,6 %)[3].

Au maître de maison d'attiser les conversations ou d'y mettre un peu d'ordre selon les moments.

Parfois l'hôte demande à chacun de se présenter, ce qui reste la meilleure manière de ne pas se tromper. Un soir, dans un dîner d'avocats et de financiers, le maître de maison invite souvent chaque convive à en introduire un autre. « Après quinze ans passés à diriger une filiale américaine, Paul a fait un formidable rebond… », commence un invité. Ceux qui étaient venus se détendre à un dîner retour-de-week-end comprennent qu'il ne s'agit pas tout à fait d'un casse-croûte entre nouveaux copains. Il faut vite capitaliser sur ces nouvelles relations. C'est presque vulgaire. L'invité qui raconte la scène pardonne à son hôte. « Il a passé beaucoup de temps aux États-Unis… » En clair, il fait les choses de façon bien trop explicite.

Si la consigne est « chacun va se présenter et parler d'une chose qu'il aime », quand arrive son tour, il est déconseillé de résumer son CV en paragraphes. Plutôt : « J'ai aimé voir le camion décharger le bois dans la cour de la maison », surtout pas « j'ai touché un super bonus ». L'idée de ces animations, c'est d'éviter les sujets rebattus, de faire surgir des conversations inhabituelles et plus personnelles. Il s'agit de « faire tomber les masques », comme le croit Félix Marquardt qui lance parfois le « jeu de l'objet », priant chaque invité de parler d'un objet important dans sa vie. « Un soir, raconte Léna Mauger dans *Le Monde*, plusieurs ambassadeurs japonais ont répondu sans hésitation “mon épouse” et la seule femme de l’archipel à table “un livre de cuisine”[4]. »

Le médecin Frédéric Saldmann lance parfois une question qui fait le tour de la table. 20 invités, 20 réponses. Le pape François vient d’être élu, chacun doit dire ce qu’il souhaite au monde pour Pâques. Interrogé après coup, aucun dîneur ne se souvient d’une autre réponse que de la sienne. Parce que, en attendant son tour, chacun se concentre mentalement sur sa future intervention.

Dans un dîner franco-chinois, on demande à chaque couple mixte de raconter comment il s’est rencontré. Il est de bon ton d’embellir, personne ne dit avoir fait connaissance sur un site de rencontres. Chacun se prête au jeu de la conversation, même ceux qui détestent et ruminent intérieurement contre cette manie infantilisante.

L’hôte qui veut lancer son jeu de conversation doit le faire simplement. Il est mal vu, voire « ampoulé », ou pire, « américain », de taper sur son verre en bout de table pour demander la parole. On n’est pas dans un jeu télé.

Toujours feindre de ne pas être là pour des raisons professionnelles

Bien sûr, les invités sont venus pour *networker* (« dans mon métier, plus je connais de gens, mieux c’est… », « j’ai connu des gens chez Jacques Attali et ça m’a été utile ») mais cela ne doit en aucun cas être trop évident. On est à une table, pas sur LinkedIn. Antoine Hébrard, patron du *Who's who*, déteste le mot réseau. « On sent déjà le rameur social… » Fondatrice d'une entreprise de communication financière, Caroline de La Marnierre n'est pas plus tendre avec ceux qui dînent utile trop explicitement. « Si quelqu'un donne l'impression de faire du réseau, ça refroidit tout le monde. »

On sait que la soirée est professionnelle (la preuve, il est acceptable de partir à 22 h 30… ce qu'on supporterait mal de la part de ses amis). Pourtant il n'est pas question de parler de boulot de manière trop frontale. « Il y a des réunions pour ça ! », proteste une hôtesse. Ou les déjeuners chez Laurent ou Ledoyen… ! Parler business trop explicitement le soir est une faute de goût. Les déjeuners ont un propos, pas les dîners. On ne parle pas affaires directement, mais on sème des petits cailloux. « Je réfléchis à ça en ce moment… » Lors d'un dîner, Alain Dinin, patron fondateur du groupe immobilier Nexity, discute avec le patron d'un groupe média qui vient de réaliser une opération immobilière. Il n'est pas question de développer le sujet. Il y a du « je sais que tu sais » dans l'air. On se contente d'installer une connivence, pour le reste, on verra plus tard.

Entendu aussi un lendemain de dîner : « La mayonnaise a pris parce que les gens n'avaient rien à se vendre… » En apparence au moins, on se met hors du champ des intérêts pour entrer dans celui du plaisir. C'est un héritage de ces grands clubs où il peut être interdit de parler affaires. « À l'Auto » (-mobile Club), cela ne se fait pas. Les experts en art méprisent les marchands d'art qui parlent affaires à table. On se reverra ailleurs s'il faut en parler. Personne ne se souhaite ce qui arriva à cette femme avocate blacklistée d'un Rotary parisien pour y avoir invité ses clients.

On n'intervient que si quelqu'un demande conseil… en donnant l'impression qu'il s'agit d'un cas théorique. « Le pire, ce sont ceux qui vendent de l'immobilier ou ceux qui vous invitent avec des gestionnaires de fortune… Comme si on allait faire gérer son argent par une personne rencontrée dans un dîner… », raconte un dîneur effaré.

L'obligation d'être personnel

Si elle entend des gens parler affaires, Anne de La Baume leur fait comprendre qu'ils pourront reprendre cette conversation à l'heure du cognac, à l'écart. Elle laisse délibérément glisser les conversations vers le domaine personnel. « Mais alors comment vous êtes-vous rencontrés ? » Quand on lui fait remarquer que la question est devenue difficile à poser depuis que les gens se courtisent sur Internet, elle répond que ce n'est pas grave, « ils inventeront… ». Et puis il vaut toujours mieux être un peu scandaleux, exagérément personnel, explique cette hôtesse qui, à table, peut demander : « Qui ici a vécu un chagrin d'amour au cours des dix dernières années ? »

Un dîner n'aide pas à jeter des ponts si les convives n'exposent que leur vie professionnelle. « Comme on rencontre plein de gens intéressants dans nos métiers, c'est du boulot de faire un dîner intéressant », déclare candidement Florence Martin-Kessler, animatrice de spectacles de journalisme et mariée à un agent. « Alors j'essaie que ce soit imparfait. Je parle d'amour, de tromperie... » Tout plutôt que de travail.

Une écrivaine se souvient encore d'Anne Lauvergeon lui racontant comment elle avait rencontré son mari. Des confidences sur le nucléaire l'auraient probablement moins émue. « L'important est de toucher la personne au-delà de la fonction », résume Caroline de La Marnierre. Quand on atteint la personne derrière son titre, résume-t-elle, il y a « un avant et un après[5] ».

Bien entendu, cela n'a rien de naturel, puisque ce ne sont généralement pas nos vies personnelles qui nous ont valu ces invitations. L'exercice de style des dîners en ville, fait remarquer Cécile David-Weill, a quelque chose des séminaires professionnels où l'on joue au foot en faisant semblant d'être détendu alors que le boss vous regarde.

Le monde doit se rétrécir au fur et à mesure du dîner

Arrive le moment où quelqu'un s'exclame « le monde est petit ! ». C'est incroyable, on connaît tous les deux les Lambert ! C'est incroyable, on a aussi une maison à Saint-Jean-de-Luz. Tout le monde est stupéfait : on appartient à la même génération, on habite dans les mêmes quartiers, nos enfants vont dans les mêmes écoles et on s'émerveille sincèrement de cette coïncidence incroyable qui veut qu'on connaisse des gens en commun ou qu'on passe ses vacances au même endroit ! « Le monde est petit ! », ou « notre monde est petit » ?

Ceux qui parlent et ceux qui écoutent

> « Ceux qui chantent en mesure
> Ceux qui brossent à reluire
> Ceux qui ont du ventre
> Ceux qui baissent les yeux
> Ceux qui savent découper le poulet
> Ceux qui sont chauves à l'intérieur de la tête
> Ceux qui bénissent les meutes. »
>
> JACQUES PRÉVERT,
> *Tentative de description*
> *d'un dîner de têtes à Paris-France*

Le maître de maison n'impose pas, il « recadre ». Pour y parvenir, assure cette hôtesse « à l'aise avec l'autorité », « il faut quelqu'un qui ose être chef au sens levinassien pour aider à ce que tout aille bien ».

Un bon hôte doit faire briller ses invités

Quand l'homme de médias Pascal Houzelot reçoit, il accueille facilement chez lui un ministre (parfois le Premier), un patron de chaîne et un patron d'autorité de régulation. Habituellement bavard, l'hôte prend assez peu la parole lors de ses dîners, soucieux de valoriser ses invités. C'est « ultra sympa », assure l'un d'eux. Brigitte Macron « n'a pas d'égale pour dénicher l'anecdote qui mettra un invité en valeur et rendra l'air plus léger », écrivent Caroline Derrien et Candice Nedelec[1] à propos des dîners intimes organisés par le couple Macron à Bercy.

Plus les invités ont un statut élevé, plus ils sont habitués à être au centre des conversations. À l'hôtesse de s'assurer qu'ils ne se sentent pas frustrés. « Certains sont tellement habitués à l'entre-soi qu'ils n'ont plus du tout l'habitude qu'on parle d'autre chose que d'eux… S'ils ne sont pas la star du dîner, ils s'ennuient », note Patricia Chapelotte. Elle se souvient de ce grand avocat pénaliste qui dépérissait à table… jusqu'à ce qu'elle intervienne. « Maître, racontez-nous ce qui s'est passé sur ce dossier… » L'invité doit avoir son quart d'heure warholien pendant la soirée.

Il faut un berger pour garder le troupeau des conversations

Tout le monde sait qu'à partir de huit personnes autour d'une table ronde, on ne parle plus qu'à ses voisins. Sauf chez les partisans de la mono-conversation.

Véritable maître de cérémonie, Philippe Villin est très attentif à ce qu'il n'y ait qu'une conversation. Pas d'aparté à sa voisine ; chacun écoute chacun.

Bien sûr, les invités aussi bien élevés que leur hôte le laisseront se lancer ponctuellement dans de longs monologues sur le déclin français, la désindustrialisation et la paupérisation croissante du pays, voire sur l'obligation de poursuivre Trichet en justice pour avoir imposé l'euro. Quand Philippe Villin défend une table à une seule conversation, il peut parler de la sienne. Les convives sont aussi là pour écouter. Christophe de Margerie, P-DG de Total et patron pas tout à fait comme les autres, était connu pour cela. Quand quelqu'un d'autre prenait la parole, il la lui coupait très vite.

Il arrive que la conversation parte sur des thématiques prévues à l'avance. « Macron va-t-il libérer l'économie ? », « Que veut Poutine ? » C'est une tradition que l'on retrouve aux dîners du Siècle : avoir un chef de table chargé de fixer les thèmes de la conversation et de distribuer la parole à chacun. Un philosophe un peu mondain donne des thèmes à ses dîners. « Je déteste, avoue l'une de ses invités, il faut réfléchir à ce qu'on va dire… » C'est parfois signe que celui qui reçoit fait ses devoirs. Une personnalité qui doit s'exprimer sur l'Europe à Davos convie quelques députés et quelques journalistes. Organiser un dîner, c'est plus plaisant que de commander des fiches.

Aucun compliment n'est excessif

Régulièrement, autour de la table, se trouve quelqu'un qui a écrit un livre, qui vient de terminer un film, ou pire une installation artistique. On n'est pas obligé d'aimer, on n'est pas obligé de l'avoir lu ou vu.

Non, il suffit de prendre les mains du créateur, de le regarder dans les yeux et de lâcher : « Bravo ! tu as atteint ton but, c'est génial… » Alternative : lui mettre la main sur l'épaule et lui dire en hochant la tête : « Tu dois être supercontent… »

« Il est tellement flagorneur », dit une dîneuse d'un autre dîneur régulier. « Vous avez les yeux d'Elizabeth Taylor », aurait lâché le photographe Marc Riboud à une hôtesse. « Il est tellement obséquieux… Le pire c'est que ça marche, c'est dingue », se plaignent les dîneurs trop inhibés.

On ne contredit pas, on éclaire

« Une des grandes qualités des gens du monde, c'est de rester impassibles en entendant les plus fortes balourdises », notait la baronne Staffe en 1891. Avec ceux qui se trompent, écrivait-elle un siècle avant qu'on prenne l'habitude de chercher la vérité sur Google en plein dîner, elle conseillait d'employer des précautions oratoires, « je croyais que les choses s'étaient passées de telle façon » ou « il me semblait que cet événement avait eu lieu à telle époque ». Car tout le monde sait que « la pitié méprisante du savant envers l'humble d'esprit a pour effet de faire replier ce dernier sur lui-même » alors qu'on aurait pu « éclairer doucement son intelligence ».

En France, interrompre une conversation est une marque d'intérêt

C'est curieusement une marque d'intérêt pour l'autre que de l'empêcher d'exprimer tout ce qu'il a à dire. Les Français, pourtant tellement à cheval sur les bonnes manières, s'interrompent constamment, finissent vos phrases à votre place, posent des questions sans écouter la réponse, constate Raymonde Carroll dans son livre *France-États-Unis, malentendus socio-culturels*. « Leur conversation semble néanmoins agréable et les participants ne montrent aucun signe de frustration ou d'impatience[2]. »

C'est qu'en France, note l'anthropologue, la conversation est quelque chose de vivant qu'il faut alimenter. On guette les signes d'attention de ses interlocuteurs, on change de stratégie s'ils ont l'air d'avoir décroché. Quant à celui qui écoute, il donne des signes d'engagement en rebondissant. Quand ils s'interrompent pour ne rien dire, les Français réaffirment leurs liens. « Ce qu'un Américain prend pour une interruption joue un rôle complètement différent dans une conversation française. »

On ne se lance pas dans une consultation privée à table

Même aux tables des gens de pouvoir, certains n'hésitent pas à demander une consultation à l'avocat ou au médecin présent, ou à se plaindre de leurs retards de voyage au P-DG de la SNCF[3]. « Il n'y a pas un dîner où, à un moment, on ne me dise pas : "Au fait…" », relève le docteur Frédéric Saldmann qui appelle ça « la médecine sauvage[4] ». Ses collègues savent se méfier de ceux qui racontent leurs soucis et cherchent à valider des décisions médicales déjà prises. « En public, on n'émettra aucun jugement », assure l'un d'eux. « "Ils vous ont gardé huit jours, c'est un peu long", c'est déjà trop… Quelle que soit la situation on acquiesce. »

Ce n'est pas parce qu'on n'a rien à dire qu'il faut se taire

« Moi, je pourrais parler à une chaise… », assume un dîneur en gage de la qualité de sa présence. Autrement dit, je ne produirais jamais de ces blancs qui embarrassent. « Je déteste les dîners où je dois combler les vides », confirme une hôtesse, c'est le signe qu'il y a autour de la table quelque chose de figé. Si quelqu'un le fait remarquer, même gentiment (« ça doit être très bon, on n'entend plus rien… »), c'est affreux. « Si votre voisin de table est ennuyeux, prenez votre mal en patience, un dîner est bientôt passé », conseillait la baronne Staffe[5].

De quoi ne faut-il pas parler ce soir ?

Antoine Hébrard, du *Who's Who*, se souvient d'un haut gradé militaire arrivant chez lui justement à l'heure militaire et prenant immédiatement les devants : « De quoi ne faut-il pas parler ce soir ? » L'hôte avait trouvé la question épatante, glissé quelques mots sur le divorce récent d'un invité, la maladie de l'enfant d'un autre... Voilà pour les sujets personnels. Pour le reste, les territoires minés se déplacent.

Connue pour ses repas à thèmes de couleur, et reine des rituels, l'artiste Sophie Calle avait organisé chez elle un dîner au cours duquel elle avait projeté la cassette (c'était au temps de la VHS) de conseils de bonnes manières de Nadine de Rothschild pour réussir son dîner dans la haute société. Elle en diffusait des extraits à chaque étape : l'arrivée des invités, le plan de table... Elle suivit à la lettre les recommandations, jusqu'au moment où une discussion sur l'affaire du sang contaminé qui occupait alors l'actualité s'engage. Un journaliste et un chercheur sur le sida prirent des positions antagonistes, le dîner dégénéra. La cassette de Nadine de Rothschild le précisait pourtant : « Évitez les sujets polémiques. » La difficulté tient à identifier ces « terrains » qui peuvent prendre des invités aux tripes. Parmi les nouvelles zones dangereuses : la laïcité, l'état d'urgence, l'islam, l'adoption et la GPA pour les couples gays…

On ne parle pas d'argent à table

« À New York, si on m'invite, je me dis "combien ça va me coûter ?" », relève Cécile David-Weill[1]. Là-bas, les dîners ont souvent un objectif de *fundraising*, de collecte de fonds pour une bonne cause, autant que de *networking*. Avec leur fonctionnement ultra-codifié, ils sont à l'opposé de nos soirées françaises où l'on n'affiche jamais d'objectifs explicites.

Dans les dîners en ville français, on ne pourra parler d'argent que s'il est dépensé pour une cause socialement enthousiasmante : humanitaire, art, éducation… Un soir où quatre dirigeants étaient invités en couple, s'amuse un publicitaire, le seul qui osa parler en détail de sa vie professionnelle travaillait pour une ONG. S'il n'est pas employé de façon noble, on ne parle pas d'argent à table.

Et pas question d'évoquer celui qu'on gagne. Les plus anciens se souviennent que cela se faisait dans les années 80, quand les jeunes coqs de la finance s'entre-invitaient et se balançaient leurs bonus à la figure. « Des mufles récitaient leurs fiches de paie à table.

Les golden boys paradaient, leur arrogance était une nouveauté en France », se souvient Marc Lambron.

Chiffrer ne se fait pas à la nuit tombée. Une dîneuse l'a appris à ses dépens en demandant à quelqu'un de quel budget il disposait, suscitant un malaise... Pas à table ! « Telle société a racheté telle société ?... Il y a des déjeuners pour ça ! », s'agace une autre hôtesse. Si un maladroit mentionne des tarifs immobiliers, elle demande si quelqu'un a vu récemment un spectacle intéressant.

On ne parle pas de l'entreprise du patron

On se doit d'interroger un artiste sur ses dernières expositions, un avocat sur ses derniers procès, mais curieusement, si un grand patron est à la table, l'activité de son entreprise est juste esquivée.

Lors des dîners de Christophe de Margerie, on parlait un peu de Total, mais en service minimum. À part un jour de grève, personne ne parle de la SNCF à la table de Guillaume Pepy. « Est-ce par délicatesse ? Ou par manque d'intérêt ? Je continue à me poser la question », s'interroge la communicante qui lui organise des dîners.

Depuis que la politique n'a plus de sens, on peut en parler à table

« On éloignera soigneusement la politique, source d'ennui pour les femmes et de mauvaise digestion pour les hommes », écrivait la baronne Staffe[2].

Les choses ont changé. La bienséance n'exige plus d'éviter la politique. Au contraire, les pratiques culturelles se sont tellement fragmentées qu'à défaut de pouvoir parler d'une émission que tout le monde aurait vue, d'un livre que tout le monde aurait lu, le spectacle des hommes politiques est devenu l'expérience commune, le plus petit dénominateur commun de nos conversations.

Ou plutôt la politique n'est plus un sujet interdit depuis qu'on ne parle plus de politique quand on parle de politique. « Lui est gay. Lui aussi. Le troisième est malhonnête... On ne parle plus de politique, on échange des ragots », résume une hôtesse. Ou alors « on parle de politique comme on parle de sport », analyse un autre dîneur. Qui est en forme, qui est en baisse...

Signe que les convictions font partie du jeu social, on ne considère plus comme une bévue d'avoir à sa table des gens de partis opposés. « Si j'ai un invité de droite, j'essaie d'avoir le pendant à gauche », note Michel Maffesoli. Là encore, la table doit être un microcosme de la bonne société.

S'il y a des hommes politiques à table, le sujet est même obligatoire, car ils prennent pour acquis que tout soit tourné vers eux, remarque Patricia Goldman. « Vous parlez de restaurant, ils parlent des restaurants où vont les politiques. Vous parlez d'école, ils vous diront dans quelles écoles tels et tels politiques mettent leurs enfants... Ils viennent là pour séduire, chercher de l'argent et des soutiens pour leur campagne. Le reste ne les intéresse pas. » D'ailleurs, leur conversation est souvent piteuse.

Bien sûr, on ne demande jamais explicitement à son voisin quelles sont ses intentions de vote. On pose la question en biais. « Qui ici est déjà certain de ce qu'il va voter à la prochaine élection ? » Comme si la volatilité du vote était le premier sujet de préoccupation… À la fin de ses dîners, Jérôme Doncieux organise un vote à bulletin secret. « Quatre jours avant la primaire, c'est comme ça que j'ai vu la bascule Fillon. » Il a aussitôt envoyé un sms à Myriam Lévy, alors conseillère du candidat à la primaire de droite.

Si l'on parle des médias, on en dit du mal

On ne dit pas de mal des dentistes à une table de dentistes, on ne dit pas de mal des charcutiers à une table de charcutiers, mais il est conseillé de dire du mal des médias en présence de journalistes, qui bien souvent surenchériront. « Les journalistes, même quand ils ne sont pas là, hantent toujours les repas », note Anne Vega après avoir étudié les tables des ministères[3].

La principale matière des dîners, c'est le dîner de la veille

« J'ai un ami, il ne dit jamais de mal de personne, confie une hôtesse, ce n'est pas la peine de l'inviter. » Quels que soient les milieux, rumeurs et *gossips* sont attendus. Le dernier viré. Un nouvel amour. Chacun vient partager ce qu'il a entendu. On pourrait se croire bien élevé en gardant pour soi ces bruits de couloir. Erreur. On n'a pas été invité pour faire preuve de discrétion.

« Quand il y a un blanc dans un dîner français, tout ce qu'un invité a à faire est de mentionner le nom de Dominique Strauss-Kahn et de demander si les rumeurs qui en font un coureur de jupons sont vraies », écrivait l'ancienne correspondante du *New York Times* Elaine Sciolino dans un livre publié un an avant l'affaire du Sofitel. Dans ces soirées, des rumeurs de toutes sortes circulent sur les gens de pouvoir, mais elle ne peut rien en faire journalistiquement. Si par réflexe professionnel elle cherche à savoir d'où elles viennent, on lui répond que « tout le monde le sait ». Elle a l'impression d'être la seule attachée à la crédibilité de ces propos. « Quand le but est d'être intelligent et intéressant, la vérité de ce qui est dit importe peu. La transparence pourrait rendre un orateur grossier ou ennuyeux, ou les deux. Broder et distraire pour le plaisir de tous l'emportent sur la vérité[4]. »

Dans un dîner, l'économiste Marc Ferracci, vieil ami d'Emmanuel Macron, entendant un invité dire qu'il voterait bien pour lui, « mais ça m'ennuie qu'il n'assume pas son homosexualité », réplique que son épouse, avocate, a été la chef de cabinet de Macron à Bercy et à En Marche. Si son patron avait mené une double vie, elle s'en serait forcément aperçue. À l'époque, pas un dîner ne se tenait à Bercy sans que le couple aborde de lui-même la rumeur de l'homosexualité de monsieur.

Si les rumeurs naissent et se colportent dans les dîners en ville, c'est aussi là qu'on lance les opérations de désintoxication[5].

Les phrases les plus utiles

« On passe à table ? »

La phrase est généralement prononcée avec un demi-point d'interrogation dubitatif alors que c'est un ordre. Pour accélérer le moment où chacun ira s'asseoir, Lady Elizabeth Anson annonce qu'un soufflé est servi en entrée. « Personne ne s'est jamais plaint de ne pas avoir mangé de soufflé[1]... »

« Appelle-le de ma part »

Proposition généreuse, comme s'il était entendu qu'on ne pouvait pas rencontrer quelqu'un sans ami commun. Aux États-Unis, note un décorateur parisien, on peut plus facilement appeler un inconnu pour lui demander à le rencontrer. Un contact en commun sur LinkedIn fait office d'introduction, et on a des chances d'être reçu, même brièvement. La société française est plus fermée, l'accès plus muré. Mais à une connaissance commune, on ne refuse rien. Après un dîner, le coup de fil du lundi est plus facile.

D'autant que dans les dîners en ville, on échange ses bonnes adresses. La femme qui vient de se séparer de son mari reçoit le lendemain un appel de quelqu'un qui lui propose les coordonnées de son avocat. « Quand, lors d'un dîner avec les Macron, j'ai entendu Brigitte se plaindre des paparazzi, je lui ai naturellement conseillé Mimi », explique Xavier Niel à propos de sa conseillère en communication, la fameuse Mimi Marchand[2].

« Ça ne sort pas de cette pièce »

D'une manière générale, contrairement à ce qu'on pourrait s'imaginer, il ne se dit rien d'ultra-stratégique dans les dîners. Comme dans les congrès de partis politiques, peu importe ce qui se dit en séance, quand des gens prennent la parole pour se faire plaisir. L'essentiel se joue à côté, avec les contacts échangés en partant.

Parfois quelqu'un dit quelque chose qu'il devrait garder pour lui. Un journaliste se rappelle avoir entendu un proche d'Emmanuel Macron dérouler toute sa stratégie de conquête de la présidence, cinq mois avant le scrutin, à la table d'Enrico Letta, doyen de l'École des affaires internationales de Sciences-Po, ancien président du Conseil italien. Sait-il que je suis journaliste ? se demandait-il avant de comprendre que, même répété, ce qui se dit à table ne semble jamais vraiment crédible à l'extérieur. « Dans ces dîners, on voit ce qui va se passer mais c'est impossible à écrire. »

Quand un représentant des médias est là, on entend souvent la même blague : un convive plaisante, « tu peux parler, il n'y a pas de journaliste »… façon de rappeler qu'il est tacite qu'on est *off the record*. La soirée est un espace de liberté. On est suffisamment peu nombreux pour qu'il soit entendu que celui qui répète quelque chose ne sera pas réinvité.

On a dîné ensemble. Nous voilà liés. « Le repas réintroduit un secret partagé par les convives, expérience du ventre qui exclut d'emblée les absents – un dîner ne se raconte pas », écrit le sociologue Stéphane Hugon[3].

« Ça se dit dans les dîners en ville… »

En revanche, alors que l'on s'y presse pour ce qui va s'y dire, si l'on évoque une fois dehors une rumeur « entendue dans un dîner en ville », on signifiera par là qu'elle n'est pas à prendre au sérieux. Quand le journaliste Fabrice Arfi cherche à confronter Jérôme Cahuzac sur son évasion fiscale, il reçoit un appel du communicant Stéphane Fouks qui, pour protéger le ministre, l'assure que « ces rumeurs de comptes cachés circulaient dans les dîners en ville à l'époque de son divorce ». Autrement dit, cela relevait d'un vaudeville et ne méritait pas d'être pris au sérieux. De la même façon, pour discréditer les rumeurs sur son homosexualité, Emmanuel Macron place leur origine dans les soirées parisiennes. « Pour mettre les pieds dans le plat, si dans les dîners en ville, si dans les boucles de mails, on vous dit que j'ai une double vie avec Mathieu Gallet ou qui que ce soit d'autre, c'est mon hologramme qui m'a soudain échappé… » Rien de tel que des dîneurs pour contester la fiabilité des dîners.

« En fait, c'était vachement sympa »

Prononcé en partant à la personne venue avec vous, voire le lendemain en racontant son dîner, le « en fait, c'était vachement sympa » indique que l'on avait aucune raison d'aller à ce dîner, sinon qu'on y était invité. Après quelques heures à table avec un chef d'entreprise, un écrivain qui a le sens de l'anecdote et un explorateur, on aura forcément entendu quelque chose d'intéressant. Et a posteriori, on s'avouera content.

Accidents et sorties de route

« Eh bien, ce ragoût est tout simplement dégueulasse. »

CLAUDE CHABROL, *Que la bête meure*

Officiellement, on s'en plaint. Mais gaffes et boulettes sont le sel des dîners. L'assurance d'avoir quelque chose à raconter. « Il faut que tout soit nickel sauf un truc… sinon c'est assommant », résume une hôtesse.

Le téléscopage d'invités

« Ça me fait très plaisir de te revoir », dit une invitée à une autre. « Moi pas du tout. » Deux personnes supposées ne pas se croiser sont là, et voilà toute l'assemblée au spectacle. Toute la gauche est présente pour l'anniversaire de Fabienne Servan-Schreiber, quand Carla Bruni débarque avec Nicolas Sarkozy. « On se taquine, on n'est pas sectaires », assure l'hôtesse.

Même des maîtres du plan de table sous-estiment

parfois les différends qui opposent leurs convives. Ainsi lors de ce dîner auquel sont invités le producteur Vincent Maraval, qui vient de produire *Welcome to New York,* le film d'Abel Ferrara sur l'affaire DSK, et Dan Franck, écrivain-scénariste et ami d'Anne Sinclair. Le ton monte entre l'ami du couple, outré qu'on ait pu faire ce film « dégueulasse », et le producteur. Les autres invités comptent les grains de couscous dans leur assiette. Cette fois-ci, on n'est pas au cinéma.

Les idées politiques choquantes le sont moins si elles viennent des hôtes

C'est de toute façon le maître de maison qui mène le jeu. Un expert en art invité chez une duchesse avenue Victor-Hugo croise un conservateur du musée du Louvre sur le palier. « Je vous préviens… si elle parle de Jean-Marie Le Pen, vous dites qu'il est génial… »

Lors d'un dîner, il est entendu que « vous devez aller dans le sens de l'hôte ». Même s'il dit des horreurs.

Personne n'assume la casse

Parfois quelqu'un casse un verre, décroche un tableau, renverse un plateau. « J'aime le bruit du cristal qui se casse, c'est très beau », affirme une hôtesse pour signaler une vie sociale bien remplie. L'anthropologue Raymonde Carroll décrit la façon française de réagir. On dit qu'on est vraiment désolé. On se cherche des excuses (« c'était pas très stable »). On blague à la rescousse les uns des autres (« non, non, de toute façon, je voulais donner ces bols… », « allez chérie, on y va sinon on ne sera plus jamais réinvités… »). Mais personne ne propose sérieusement de réparer les dommages infligés. Ou alors on promet de le faire et on ne le fait pas (« il faut que je vous retrouve le même »). Du vin rouge renversé ? On laisse la maîtresse de maison se lever (« ah j'aurais dû renverser du blanc… »). Voire on blâme le matériel (« je suis désolé, je ne suis pas du tout habitué à ces casseroles… ») ou les hôtes (« je ne sais pas ce qu'il faisait placé là… ») mais sans prendre ses responsabilités. Selon Carroll, le risque d'avoir des objets endommagés est en France pris par celui qui invite, un code tacitement partagé avec les invités, qui pourront se retrouver eux-mêmes dans la position inverse. D'où les « laissez, c'est rien », qui signifient que l'amitié est plus importante que la porcelaine de votre grand-mère.

Gaffes et vacheries font entrer les dîners dans la postérité

Le sens de la formule autorise toutes les vacheries. À table, quand il parle de Bernard-Henri Lévy, Pierre Bergé explique que c'est un SPF, sans palace fixe. La conversation et l'humour sont des passeports éternels. Des dîners, on attend un peu de brio et de traits d'esprit.

Une bonne soirée en ville résonne d'intrigues et de méchanceté. La vacherie participe de l'esprit français.

« Elle est excusable si elle est spirituelle. Si elle est gratuite, elle est impardonnable », note Karl Lagerfeld[1].

Lors d'un dîner avec Luc Ferry et Alain Minc, l'auteure Yasmina Reza se risqua à dire que Nicolas Sarkozy n'était pas gros. « Ma pauvre, tu es rentrée dans une logique totalitaire, ton livre risque de manquer légèrement d'objectivité », lui dit le premier. « Vous avez le choix entre être amoureuse et être ambitieuse », ajouta le second[2].

Chez la comtesse Brandolini, les assiettes et les verres sont aussi raffinés que les agressions. Une de ses invitées se souvient d'elle lui recommandant de rencontrer un médecin qu'elle connaissait, « un gérontologue formidable ! »

La gaffe serait même la marque d'un dîner réussi. On attendra d'être sorti de l'ascenseur pour en reparler. « C'est le dîner dont on se souvient », assure une hôtesse. Il convient juste de déployer quelques efforts pour réparer la casse. La gaffe émise, les pompiers sont là, les invités solidaires lancent aussitôt des manœuvres de diversion. « Servir beaucoup d'alcool. S'assurer que les invités ne partent pas immédiatement. » Entendu aussi : « Les faire tenir jusqu'à la réconciliation. Ou alors laisser partir les intéressés pour que les autres puissent commenter. »

Pour la maîtresse de maison, la meilleure réponse consiste à confesser ses propres gaffes, théorise Anne de La Baume. Elle peut ainsi raconter la fois où un invité lui demanda pourquoi elle n'avait pas chez elle de toile de tel peintre à la mode. « Parce que je n'aime pas du tout ce qu'il fait », répondit-elle sans réaliser qu'il s'agissait de son voisin de table.

On n'hésitera pas à envoyer un mot d'excuses le lendemain, même si on n'a toujours pas compris de quoi on devait être désolé.

L'invité qui claque la porte a toujours tort

Chez la productrice de télévision Simone Harari, une femme d'État est questionnée par un célèbre journaliste un peu agressif. « Je ne me laisserai pas insulter », s'énerve-t-elle, prête à quitter la table. Aussitôt, une autre convive, la femme politique Françoise de Panafieu, se lève, plaisante, fait diversion et réussit à la faire rasseoir. « Elle est mère de famille nombreuse, elle a l'habitude de gérer ce genre de choses », apprécie l'hôtesse. À Paris, on adore raconter des anecdotes de dîners à impairs. Comme celui où une prise de bec entre le député Pierre Lellouche et la femme politique Jeannette Bougrab a vu l'un des deux quitter le dîner. Quand ? Il y a plusieurs années, mais on en parle encore.

Si quelqu'un claque la porte, l'idée circulera très vite qu'il avait un problème personnel indépendant de ce qui l'a fait sortir de ses gonds. Après avoir quitté une table, dérangée par des commentaires de Fabrice Luchini, une invitée s'est fait sermonner par son hôte : elle ne comprenait pas le fonctionnement de l'artiste. Une hôtesse se souvient d'un convive parti de chez elle à grand fracas après une discussion qui avait dégénéré. « Il ne s'était pas lavé depuis dix jours, il n'était pas soigné… », dit-elle de cet agité. Autrement dit, il n'était pas dans de bonnes dispositions et était prêt à s'emporter à propos de n'importe quoi. Celui qui s'en va a toujours tort.

La distribution des rôles dans la conversation

> « Il parlait avec une conviction contagieuse, comme s'il avait plaidé une cause, sa cause. »
>
> GUY DE MAUPASSANT, *Bel Ami*

Pendant le dîner, chacun essaie de devenir celui qu'il voudrait être : vif, curieux, ne se mettant pas trop en avant… Il s'agit d'apparaître sous son meilleur jour.

La bonne locomotive se charge de l'animation

Pour qu'un dîner soit animé, il faut quelqu'un qui va mettre de l'éclat. Parmi les personnes ayant atteint ce statut de locomotive-à-dîner, on entend citer Marc Lambron, ou Jean-Marie Rouart, spécialistes des jeux de conversation, Jean d'Ormesson qui a toujours des anecdotes délicieuses à raconter et peut rester tard, ou Raphaël Enthoven pour la plus jeune génération.

« C'est peu de dire qu'il avait illuminé la table »,

raconte le Premier ministre Édouard Philippe de son dîner chez des amis avec Guillaume Gallienne, « drôle, passant en un instant de l'érudition à la trivialité, de la démonstration éclatante de son talent à l'aveu d'une faiblesse ridicule, nous étions tous fascinés », écrit-il du dîner parisien qui a viré au cours de flamenco[1].

Entendu encore : « S'il y a André Bercoff ou Claude Benzaquen, le dentiste chanteur, c'est gagné… » On ne sait plus très bien quelle est l'activité principale d'André Bercoff, devenu passeur d'idées d'extrême droite, pourtant il se dit de lui qu'il est incroyable, que tout le monde se l'arrache… « Il fait le show. Il fait parfois le même plusieurs fois, d'ailleurs. »

Du porte-parole du Front national Alain Vizier au Premier ministre Édouard Philippe, tant de politiques sont connus pour leurs imitations de gens célèbres qu'on se demande comment Nicolas Canteloup et Laurent Gerra peuvent encore travailler. Même Martine Aubry multiplie les imitations à table ! Elle est très drôle, paraît-il. Bernard Cazeneuve – un autre imitateur – et François Hollande au même dîner… « Vous ne regretterez pas votre soirée ! » On refait ses réputations à table.

L'invité qui fait un show peut le faire plusieurs fois

Il y a l'invité valeur sûre que l'on invite pour faire son numéro et à qui l'on reprochera ensuite d'avoir fait son numéro. France Roque a été ravie du dîner qu'elle a donné au printemps 2017 autour de Thomas

Friedman, le journaliste américain chroniqueur au *New York Times*, dont elle a publié le dernier livre. « Un invité extraordinaire, quel showman... » Il imite Donald Trump jouant au golf et la table est pliée en deux. « On a l'impression d'être à la télé », savoure l'hôtesse. Un des autres invités hilares au dîner s'est retrouvé le lendemain à un débat avec Thomas Friedman. Il a reconnu des passages entiers de son dîner de la veille. « À la mimique du visage près ! » L'invité a compris que la vedette de la soirée avait simplement appuyé sur son bouton promo. *« You have to sing for your supper »*, dit l'expression américaine. Vous avez été invité pour faire votre numéro, faites-le. Une dîneuse se souvient d'un show d'Édouard Baer. « Au début, c'était drôle. Et puis, c'est devenu pénible, il n'y avait que lui qui parlait... » C'est le risque avec un showman.

Le faire-valoir creuse sa place pour la garder

Un directeur estime qu'il n'a pas un rang social suffisamment élevé pour être à la table de son patron. Mais il joue les indispensables en racontant des anecdotes sympathiques sur cet homme redouté et le rend plus humain. Il accepte d'être celui qui se fait chambrer pour souligner l'humour de son supérieur. Un peu comme une épouse mais en plus crédible.

Le conférencier n'est pas toujours le plus érudit

Celui qui prend la parole et ne la lâche plus n'est pas toujours celui qui la mérite. Ainsi a-t-on entendu le directeur du musée de Taverny donner des leçons à un responsable de celui du Louvre.

On peut se lasser des beaux parleurs à table, comme ce communicant de 71 ans qui a donné des dîners toute sa vie, et qui les espace désormais. « À la télévision, il y a quand même beaucoup d'émissions incroyablement intelligentes... Aucun dîner en ville ne peut m'offrir un tel plateau. » Pendant qu'il assistait à ses dîners, personne ne le lui avait dit.

Le dissident de service permet de s'encanailler

« Vous savez qu'il faut toujours un dissident à la table ? » nous apprend la femme d'un avocat parisien. Un dissident, c'est-à-dire un rebelle, un marginal, un voyou : il garantit qu'il se passe quelque chose et fait l'unité de la table autour de lui.

Le dissident est capable de toutes les sorties, sur les sujets les plus polémiques. On démine en passant quelques coups de téléphone en amont. « J'ai un couple d'amis que personne n'aime, des gens très privilégiés, très beaux, très glamour, qui n'ont jamais travaillé, mais ils délivrent leurs informations sans filtrer », raconte un hôte qui prend ses précautions en avertissant ses convives de leur présence. « Ce n'est pas grave, ils me font beaucoup rire », a eu la politesse de répondre une invitée.

Le dissident peut flirter avec les limites du fréquentable. Bill Pallot a bien cru qu'il serait radié des dîners après avoir purgé une peine de quatre mois de détention provisoire pour escroquerie. « Mais je n'ai tué personne, violé personne, blessé personne… au moins physiquement. » Il n'est qu'à moitié désolé, présente sa fraude comme un jeu intellectuel. Qu'y peut-il si certains se font berner ? Il a bien cru qu'en retrouvant le monde libre, il serait condamné à dîner seul chez lui, que les portes se fermeraient. Au contraire. À sa sortie, le premier mois, il aurait pu accepter deux dîners par soir. Les invités étaient probablement avertis de sa présence – sait-on jamais, ils auraient pu préférer ne pas partager la table d'un repris de justice. Mais la plupart avaient envie de l'entendre raconter… Pas l'escroquerie, ni le feuilleton judiciaire, non, la prison. Comment vivait-on en détention ? Avait-il dû se battre ? Parfois, les hôtes prennent des gants et lui vient à leur rescousse. « Je sais ce que vous voulez me demander… » Non, il ne s'était pas fait violer. Parfois, il coupe court. « Écoutez, ça fait une heure que je monopolise la parole… » Mais de nouvelles questions pleuvent. Quand on est très riche, il est bien plus exotique d'avoir un repris de justice qu'un artiste à sa table.

On comprend mieux comment des voyous peuvent être accueillis à bras ouverts : au moins, on ne s'ennuie pas avec eux. « Peu de gens savent raconter », se désole un mondain. « Enfin si : Christophe Rocancourt mais on n'a pas envie de dîner avec lui, il pourrait partir avec la nappe, les couverts et votre femme… »

Il faut un invité pignouf, pas deux

Culturellement proche du showman et du dissident, l'invité pignouf a fait de ses mauvaises manières son identité. Ceux qui ont été invités avec Fabrice Luchini s'en souviennent. « T'as quel âge ? », demande-t-il à une voisine de table lors d'un dîner. « 38 ? C'est bien, il te reste deux ans. » Il se tourne vers ses hôtes. « Elle a un beau cul. » Dans un autre, il s'indispose d'une invitée qui ne rit pas : « Je ne la sens pas, ta copine. Elle a de mauvaises vibrations avec moi. » Il est comme ça, finalement plutôt sobre sur scène, par rapport à ses performances à table. « À la fin du repas, tu hésites à te lever pour demander à qui tu dois payer ta place », raconte quelqu'un qui s'est trouvé invité avec lui. Quand l'invité pignouf se paie quelqu'un à la table, personne n'ose prendre la défense du bouc émissaire de peur d'interrompre le spectacle. La table est désolée mais le tableau est drôle. L'anecdote de Jean d'Ormesson déclarant « je vous trouve bandante » à sa voisine de table a fait le tour de Paris, mais personne ne révèle jamais qui était sa victime et encore moins ce qu'elle lui a rétorqué.

Tant pis pour ses victimes, l'invité pignouf reste une base du bon dîner : les participants auront des choses à raconter. « Il en faut un, pas deux. » Ils pourraient se lancer dans une surenchère.

L'insupportable gastronome détecte un goût de noisette partout

La gastronomie étant devenue avec l'opéra et l'œnologie le moyen de signifier son appartenance au club du pouvoir, les tables se sont peuplées d'insupportables connaisseurs qui prennent le moindre prétexte pour étaler leurs connaissances en matière d'huile d'olive extra-vierge. Un vin nouveau ? Un légume oublié ? Le nouveau gastronome érudit dépiste immanquablement « un petit goût de noisette ».

Les dames n'ont toujours pas de place naturelle

Héritage du passé dans le monde contemporain, les dîners en ville hésitent encore quant à la place à accorder aux femmes.

Les dîners en ville manquent rarement d'hommes

« Les femmes sont plus difficiles à trouver », explique Patricia Goldman à propos de ses dîners souvent organisés autour d'un grand chef d'entreprise. Quand elle dit femme, elle ne veut pas dire épouse, car généralement on ne se rend pas en couple à ses dîners. « À part Xavier et Delphine », précise un invité à propos du patron de Free et de la fille de Bernard Arnault, qui d'ailleurs se sont rencontrés à sa table[1], tout comme Arthur Sadoun et Anne-Sophie Lapix. Dans ces dîners où les conjoints ne sont pas explicitement invités, ne viennent que les épouses dont la notoriété fait jeu égal, comme la femme, ancienne danseuse de l'Opéra, du directeur de l'Orchestre de Paris, ou la comédienne

Hélène de Fougerolles, compagne du chef d'entreprise Marc Simoncini. Dans ces dîners sans conjoints, les femmes savent qu'elles doivent beaucoup de leur présence à leur genre. Hélène Jouan, invitée autour de l'amusant patron Christophe de Margerie, avoue ne jamais avoir bien compris pourquoi elle était là. « Sans doute parce qu'on avait besoin de mettre des femmes à la table… La preuve, nous n'étions que deux. »

La place des femmes n'est toujours pas naturelle

« C'est compliqué, les épouses », entend-on. Jamais « c'est compliqué, les époux ». Il fut un temps où elles pouvaient avoir leur cercle à elles.

Le paradoxe tient à ce que les dîneurs évoluent dans des milieux progressistes et sont habitués à ce que leurs professions se soient féminisées, tout en ayant souvent réussi leur carrière spectaculaire à l'ancienne, grâce au soutien et à la disponibilité d'épouses qui les ont libérés des contraintes familiales.

Comme disait Jimmy Goldsmith, « j'ai rencontré ma deuxième femme grâce à ma carrière, je n'aurais jamais fait ma carrière sans ma première femme ». L'épouse à table peut faire partie de la première catégorie, épouse pom-pom girl supporter, ou de la deuxième, femme-trophée. La maîtresse de maison aura le bon goût d'être un trait d'union entre ces mondes. Entendu à propos de la troisième épouse d'un maître en dîners : « Il a une femme, très mignonne, très minijupe, mais pas seulement minijupe… Il a vraiment fait une bonne pioche, elle l'aide beaucoup… »

Dans certains dîners, les hommes ne parlent qu'aux hommes. « C'est affreusement gênant, avoue un invité, on ne sait pas comment suggérer que les femmes à la table ont peut-être des neurones, elles aussi… » Comme les plans de table continuent à alterner hommes et femmes, des dîneuses en connaissent qui parlent littéralement au-dessus de leur tête. Félicité Herzog, femme d'affaires, auteure, alternativement décrite comme la fille de son père ou la femme de son mari, les trouve d'un autre temps. « Les hommes pérorent et les femmes ne pipent mot de l'entrée au dessert. Elles se contentent d'échanger des regards furtifs… » À Londres et New York où elle a vécu, elle n'a rien connu de tel.

Le décalage entre le monde dans lequel les dîneurs évoluent professionnellement et leur vie personnelle se répercute dans les conversations à table. Lors d'un dîner chez l'homme d'affaires Marc Ladreit de Lacharrière, les conversations portent sur le plafond de verre. Chaque femme autour de la table est interrogée sur l'expérience qu'elle en a dans sa vie professionnelle. Une jeune femme qui travaille à la direction générale d'un des plus grands groupes français donne son avis. Son compagnon est là. Un autre se tourne vers lui : « Elle est charmante… » La femme invitée doit être suffisamment accomplie selon les standards d'aujourd'hui tout en acceptant de rester traitée comme les femmes-trophées des années 60.

Les dîners en ville peuvent être impitoyables pour les épouses dont la carrière est considérée comme secondaire. Le directeur d'une agence de communication l'avoue. S'il a arrêté d'aller dîner chez Jacques Attali, c'est parce que sa femme n'en pouvait plus. Elle n'avait rien à raconter, pas publié de livre, pas réalisé de film. Elle se sentait rien. Elle a craqué.

Les femmes accomplies ne trouvent pas plus facilement leur place, se sentant chargées de faire le lien entre les groupes. L'une d'elles, habituée à se retrouver à des tables d'hommes, explique qu'elle ne sait pas trop à quelle conversation elle doit se mêler. Est-elle supposée bavarder avec les épouses ou discuter avec ceux qui exercent les mêmes responsabilités qu'elle ?

Parfois, quelqu'un vient avec une nouvelle compagne. L'âge permet dans certains cas d'être sûr que l'accompagnatrice n'est pas l'épouse que l'on a déjà croisée. Mais qui est-elle ? Une nouvelle amoureuse ? Ou la dernière stagiaire du journal ? Dans tous les cas, « évidemment, on évitera de médire précocement de l'ex, qui une fois sur trois refait surface au bras du conjoint », rappelle l'écrivain Marc Lambron.

Les femmes seules le resteront

Pour les femmes, il y a les dîners chair à saucisse. Une écrivaine se souvient de ce dîner chez un grand financier qui n'invite que des amis célibataires. Les hommes sont souvent riches, les femmes jeunes et la cuisine excellente. Emmanuel de Brantes était souvent convié, jusqu'à ce qu'il rencontre sa compagne actuelle. « Les invitations se sont arrêtées... »

Dans les dîners, on peut effectivement trouver des femmes qui cherchent des maris. Elles sont souvent un peu trop déshabillées. « J'ai envie de leur dire "mais non, ce n'est pas la bonne méthode, au contraire, il faut être un peu trop couverte" », raconte une dîneuse.

Pendant longtemps, les femmes seules n'étaient pas invitées dans les dîners. Une femme mariée attendait que son mari revienne de voyage. Sinon, tant pis. « Une femme seule, on se demande d'abord pourquoi elle est seule », raconte un dîneur, « ce n'est pas le cas pour un homme. » À la limite, précise-t-il, on préfère une divorcée à une célibataire. Certaines viendront accompagnées d'un ami gay.

« Pour un célibataire, les dîners, c'est merveilleux », dit un expert en art du XVIIIe siècle et en drague du XXe. « On y croise des femmes seules ou qui s'ennuient... » Une femme libre, précise-t-il, n'est pas forcément une femme seule. Celles-là, il les reconnaît à une sorte de nonchalance dans le regard. Le prix de leur sécurité financière, analyse-t-il, c'est un mari qui ne les regarde plus. « Cela ne se fait pas tout de suite... Vous prenez sa carte, puis vous l'invitez à dîner, puis à l'opéra... »

Des happenings pour éviter l'ennui

> « J'ai compris avec effarement que j'étais à Versailles et trois siècles plus tôt. Ça me crevait les yeux : ces sous-punks aux cheveux verts, ces faux loulous qui sentaient les herbes rares et le vin des Rochers chaud, ces intellos d'agence de pub, ces dessinateurs en vogue à l'insolence calculée, ces starlettes argotiques du rock à gogo, ces gens fléchis, courbés, pentus, c'était la Cour. »
>
> PIERRE DESPROGES

« C'est dur de faire un dîner un peu fou », lâche une hôtesse. Réussir un veau marengo, passe encore, mais trouver une touche de folie… Personne ne se souviendra des asperges à l'estragon. Alors que le moment où, dans un dîner, des « jumelles un peu folles » se sont balancé de la mousse au chocolat à travers la pièce et où les invités ont commencé à planquer leur pull en cachemire, si. Les jumelles se sont ensuite mises à embrasser les filles sur la bouche. « On se sentait tous très vivants. »

Le happening fait parler le lendemain. Le happening fait exister vos dîners. Reçu chez les Macron à Bercy, Fabrice Luchini s'empare du *Misanthrope* ; le comédien et le ministre se donnent la réplique. Invité chez Philippe Besson, le futur président cite de mémoire des répliques des *Tontons flingueurs*[1]. Dans d'autres soirées, c'est Ivan Levaï ou Jean-François Copé qui se mettent au piano, comme l'ancien patron du *Point* Claude Imbert pouvait sortir son violon… Quand les convives se mettent à chanter, c'est signe qu'on est plus proches encore qu'on ne le croyait, qu'on embrasse plus de disciplines qu'il n'y paraissait.

Pour que cela se produise, il importe que les invités « se lâchent » chez vous comme ils ne le font pas ailleurs. Patricia Chapelotte est très fière de sa « soirée rosé », quelques jours avant le 14 Juillet, pour laquelle elle a acheté 50 bouteilles de rosé et fait venir Allô Glaçons. S'y sont croisés la directrice de l'ENA, le procureur général Jean-Claude Marin, quelques avocats pénalistes, des journalistes et Hermine de Clermont-Tonnerre, debout sur la table avec ses bottes en lézard, tandis qu'un patron tout juste sorti de l'hôpital restait assis dans un canapé. « Je vous assure que mes dîners peuvent se terminer à faire la chenille autour de la table basse. »

Tout le monde n'a pas les moyens, comme Hermès, de recevoir avec des hommes en string en train de jouer de la flûte dans des jardins, ou de mettre sur pied, comme le Plaza Athénée, des « dîners secrets » où les convives, dégustant des plats d'Alain Ducasse, sont soudain interpellés par une jeune fille lévitant en plein milieu du salon. Dans sa sublime maison près de la Bastille, Kenzo pouvait recevoir la fine fleur pour son anniversaire, au milieu de danseurs en petite tenue, ou avec des ballets aquatiques dans la piscine de son salon. Tout cela demande des moyens, mais des jumelles qui se balancent de la mousse au chocolat, c'est abordable.

Quand Christine Deviers-Joncour organisait des dîners pour Roland Dumas, elle prévoyait un petit concert en amuse-bouche. Pour accompagner ses dîners de choucroute, André Dunstetter faisait venir tour à tour un danseur de kebuki japonais, une soprano tchèque et un groupe de travestis dont les plumes se prenaient dans les lustres. Parfois, on fait venir un marionnettiste, un magicien qu'on a peut-être déjà vu sous la tente Lacoste de Roland-Garros. Pour mettre en appétit, Jacques Attali peut prévoir une brève pièce de théâtre, donnée dans son salon organisé à la va-vite en mini-salle de théâtre et où le journaliste Christophe Barbier interprétera un des rôles principaux.

Le plus simple peut être d'inviter un artiste réputé imprévisible. Les convives se souviennent encore de ce dîner, chez un grand collectionneur, où, pour rompre l'ennui, l'artiste Orlan décida de se lever et de faire le tour de la table en salant la tête des invités.

« Ces gens peuvent bien manger quand ils veulent. Ce qu'ils n'ont plus l'occasion de faire, c'est s'amuser », résume une hôtesse.

Le président à dîner

> « Le Président s'est levé, il a brisé le sommet de sa coquille avec son couteau pour avoir moins chaud, un tout petit peu moins chaud. »
>
> JACQUES PRÉVERT,
> *Tentative de description d'un dîner de têtes à Paris-France*

Il faut « être tombé » sur le président dans un dîner pour avoir le sentiment de le connaître. « Un ou deux dîners. Un déjeuner, c'est pauvre pour cerner », écrit l'acteur Fabrice Luchini de ses rencontres avec François Hollande qu'il trouve « vif, charmant, réellement fin et drôle[1] ».

Les présidents préfèrent les dîners en ville aux plateaux télé

Maïtena Biraben se souvient qu'il lui a suffi d'un sms pour inviter François Hollande à dîner. Stupéfaite, elle a appelé son compagnon. « Allô Pierre, tu vas rire, j'ai invité le président de la République à dîner. Et tu vas rire, il a répondu. Et tu vas rire, il vient vendredi. »

« Il vient avec plaisir, il ne supporte pas d'être seul », raconte un lobbyiste. Bien avant d'être président – et c'est peut-être pour cela qu'il l'est devenu –, François Hollande est un homme qui ne saute jamais un repas. Si l'on en croit le récit de ses soirées plateau-télé par son ancien collaborateur Aquilino Morelle, on comprend son empressement à se jeter sur les invitations. « Spectacle affligeant que celui de ces mets fins, de ces crus de qualité dans de bons millésimes, servis sur un plateau d'argent, dans la porcelaine de Sèvres et le cristal, synonymes d'amitié, de conversation, d'échange, de gaieté et de rire, mais réservés à un seul convive. Celui-là qui n'a personne avec qui partager son repas peut bien être président, il n'est qu'un malheureux[2]. »

« Je suis le spectre de l'Élysée », a reconnu Hollande à propos de ces plateaux-télé aux journalistes du *Monde*[3] qui d'ailleurs l'avaient invité à dîner chez eux pour nourrir les conversations à l'origine de leur livre.

Les présidents préfèrent être vus dans des dîners en ville que dans des restos étoilés

Le président aime voir du monde pour le dîner. Bien sûr, il invite à sa table ; les gens adorent venir à l'Élysée. Mais pour lui, cela ressemble encore à du travail ; le président préfère sortir. Et c'est bien plus simple de le convier chez soi qu'au restaurant. Un lobbyiste avait cru bien faire en l'invitant chez Laurent, le restaurant de l'avenue Gabriel (« j'y ai mon petit salon »), mais le président a dû décommander. « C'est compliqué d'être vu dans un restaurant étoilé… » Chez les particuliers, on est entre soi.

Un président à une table fait toujours son petit effet

Quand il arrive, c'est souvent la surprise. Marie-France Lavarini, ex-collaboratrice de Lionel Jospin et proche de Hollande depuis longtemps, ne dit jamais à ses invités qu'elle a proposé au président de passer, « pour lui laisser la liberté de ne pas venir et pour ne pas fausser la spontanéité de la rencontre ». On la devine contente de son petit effet : « Un soir, l'apéro est déjà bien entamé quand la sonnerie de l'entrée retentit. La porte n'est pas fermée, et lorsque les convives tournent la tête pour accueillir le nouveau venu qui s'est avancé tout seul dans l'appartement[4] »… c'est le président qui arrive.

Le voilà qui va dîner dans le duplex parisien de Michel Drucker, chez une communicante ou encore chez la journaliste Claire Chazal en compagnie de Marc-Olivier Fogiel et de Renaud Donnedieu de Vabres. Il accepte l'invitation de la journaliste de *Paris Match* spécialiste du Vatican, Caroline Pigozzi[5]. Il y croise l'humoriste Sophia Aram et son mari.

Parfois, les invités ont été préparés. « On ne parle pas de ça », a-t-on dit, le « ça » désignant la politique ou tout ce qui pourrait ne pas être favorable au héros de la soirée. Chez des amis, deux places ont été réservées dès l'apéritif pour « le président et Julie ». Quelqu'un fait remarquer que les sièges sont un peu plus hauts que les autres et que le reste du groupe sera face à eux. « Un peu trop roi de France ! » Vite, on change les places... Juste à temps pour être naturel à leur arrivée.

Le président présent, le jeu consiste à faire comme s'il s'agissait d'un invité comme les autres alors qu'on sait que des policiers patientent en bas. Maïtena Biraben n'en est pas revenue. « Il était chez moi, avec mes chaises, ma pauvre peinture, dans une petite maison au bord du chemin de fer. C'était génial ! » Un soir, il se rend chez Daniela Lumbroso. L'animatrice est mariée avec Éric Ghebali, ancien président de SOS-Racisme, « homme d'affaires et ami de tous les présidents », selon la formule de *L'Obs*. Assise à la gauche du président, la chroniqueuse-scénariste Géraldine Maillet fait comme si de rien n'était[6] pour ce « dîner entre amis ». Sont également présents Ary Abittan, Pierre Bergé, Loránt Deutsch et sa femme Marie-Julie Baup, et l'humoriste Olivier de Benoist[7]. Officiellement, le président souhaiterait ainsi garder un pied dans la vraie vie. « De temps en temps, le dimanche soir, il n'a rien à faire. Il vient et il s'entretient avec des gens qui ne sont pas d'accord avec lui. »

Le président est drôle quand plus personne ne l'est

Ceux qui ont dîné avec lui ont une révélation : le président est drôle ! Ils s'attendaient à le trouver la tête entre les bras, abattu par son impopularité, mais il est en pleine forme. Il fait même de l'autodérision, signature de l'humour intelligent. « Il a été très élégant, plutôt très drôle et très agréable. Super drôle même. (...) Il est à l'aise, vraiment », continue Géraldine Maillet. D'autant plus drôle que dès que vous asseyez un président à table, plus personne ne l'est.

Le président doit parfois présider

Bien sûr, blaguer ne l'empêche pas de présider. « Le samedi (11 juillet), il se trouve que je dîne chez Line Renaud avec Jean-Yves Le Drian, Emmanuel Macron – c'est d'ailleurs Macron qui a pris l'initiative. Il est ami avec Line Renaud. C'est drôle, non ? » raconte Hollande, encore président[8]. « Dominique Besnehard est là aussi. Je suis dérangé plusieurs fois au téléphone pendant le dîner, très sympathique au demeurant, parce que Michel Sapin me fait, en direct, un compte rendu de l'Eurogroupe... » On imagine l'ambiance à table.

Ce n'est pas parce qu'un président parle de ce qu'il aime manger qu'il faut le croire

Quand le président est là, attention à ne pas lui servir ce qu'il prétend aimer. Giscard « a voulu se faire passer pour quelqu'un de simple en disant qu'il aimait les œufs brouillés, mais on a appris plus tard qu'il les mangeait avec… de la truffe », raconte un ancien chef de l'Élysée[9]. Quant à Chirac, on lui a servi tant de têtes de veau qu'il a fini par en être dégoûté. Ceux qui crurent bien faire en lui proposant des pommes ont aussi été déçus. « La pomme, c'est le symbole qu'il a utilisé pour sa campagne présidentielle de 1995, alors que les chefs de l'Élysée nous ont dit qu'ils ne l'avaient jamais vu en croquer une. »

L'important n'est pas d'avoir le président à dîner, mais d'avoir eu le président à dîner

Même s'il ne se passe rien pendant la soirée, le meilleur viendra après. « Il paraît qu'ils ont eu Hollande à leur dîner », dira-t-on. Bien entendu, il ne faut pas s'en flatter trop publiquement. « Quand un dîner sort dans la presse, le président ne revient plus, ensuite, chez la personne en question », raconte un conseiller de l'Élysée.

SEPTIÈME ÉTAPE

Montrer qu'on connaît les usages, même si on ne les respecte pas

Les mauvaises manières dépendent de votre rang

« Où finit la politesse, où commence l'incorrection.

C'est toujours un cas d'espèce, une affaire de convention. »

« Je n'aime pas dîner chez les gens… » La plupart des grands hôtes de Paris avouent qu'ils ont plaisir à recevoir, bien moins à aller dîner chez les autres. Une lobbyiste explique qu'elle passe ses soirées chez les autres à corriger le dîner mentalement. En son for intérieur, elle fait sauter des murs pour agrandir le salon, déplace les meubles, change la couleur du canapé, modifie le menu et bien sûr bouleverse le plan de table.

Et surtout, elle change le service car « les gens sont sales ». Notamment quand ils desservent. Horreur, ils empilent les assiettes… « *Never stake !* », elle l'a répété à une domestique. « On dessert assiette par assiette… ! » Oui, les temps ont changé, « mais s'adapter ce n'est pas vider son assiette dans celle du voisin ».

Le savoir-vivre consiste à séparer le plus possible votre bouche de la table

Les bonnes manières, résume Bourdieu, c'est brider tout ce que notre part animale pourrait avoir envie de faire, à commencer par « la censure imposée à toutes les manifestations corporelles de l'acte (comme les bruits) ou du plaisir de manger (comme la précipitation), le raffinement même des choses consommées dont la qualité prime la quantité (c'est vrai aussi bien du vin que des plats), tout ce parti de stylisation tend à [...] nier la réalité grossièrement matérielle de l'acte de consommation[1] ».

A minima, il faut savoir que tout ce qui pousse à des distances avec la nourriture va dans le bon sens. Le corps doit être discret et seuls les avant-bras pourront toucher la table. Pour la même raison, on ne dit pas « bon appétit », ce qui pourrait rappeler aux autres convives qu'on est aussi des ventres.

Puisque le corps n'existe pas, on ne va pas aux toilettes

Quand on demande les toilettes, c'est pour se laver les mains. Même si on en profitera aussi pour consulter ses e-mails et répondre à ses sms. Le passage aux toilettes peut être l'occasion de vérifier que, quel que soit le milieu, on emporte les échantillons de savon des grands hôtels.

Les transgressions autorisées le sont collectivement

Théoriquement, on ne se ressert pas de fromage. Ce serait signifier à la maîtresse de maison qu'on n'a pas assez mangé. Dans les faits, une marchande de fromage de Saint-Germain-des-Prés l'a remarqué, ça ne se passe pas comme cela. Les gens se servent un tout petit peu la première fois. Et s'il est bon, ils en reprennent sans s'arrêter.

Le chic consiste à montrer que si l'on a transgressé des règles, ce n'est pas par ignorance. Comme le dit un hôte magnanime, « dire "au plaisir" ou "enchanté", finalement ce n'est pas très grave… ».

Les comportements grossiers seront toujours appréciés quand ils arrivent d'invités aux manières impeccables. C'est la supériorité de ceux qui savent peler un fruit avec une fourchette et un couteau. « Cette aisance bien digérée, écrit Philippe Dumas à propos des bonnes manières, vous autorisera, tel Robert de Saint-Loup dans *À la recherche du temps perdu,* à marcher sur les banquettes du restaurant Maxim's avec tant de distinction que cette incartade passera pour le fin du fin des bonnes manières[2]. »

Le pouvoir permet de se tenir mal

« J'ai vu des serviettes à gauche, j'ai vu des pains à droite, j'ai vu les rince-doigts à droite », raconte une maîtresse de maison revenue de tout. Elle n'a rien dit. Tous les invités ne savent pas qu'un verre se tient toujours par le pied, qu'un couvert utilisé ne retouche pas la table et qu'on ne coupe pas sa salade avec un couteau. Il n'y a sans doute pas plus de 3 000 personnes en France qui savent encore qu'on utilise la fourchette au dessert et qu'on ne porte pas de velours après Pâques, estime Cécile David-Weill[3]. Mais la renommée permet de s'affranchir des bonnes manières. Elle vous donne toutes les excuses… Ceux qui ont dîné avec lui se souviennent de Laurent Vallet, le directeur de l'INA, arrivant avec une heure et demie de retard à un dîner sans s'excuser, prenant un appel téléphonique et répondant « j'arrive dans cinq minutes ». Catherine Verret, l'ancienne directrice d'UniFrance dans un dîner où elle s'estime mal assise, crie soudain « chaises musicales » pour réclamer un nouveau voisin. Le critique gastronomique Sébastien Demorand comme son frère journaliste Nicolas Demorand sont capables de se lever de table au milieu d'un repas pour prendre un appel et d'oublier d'y revenir… On a vu un chroniqueur politique à la mode décrocher toutes les fleurs en sucre d'un gâteau pour les avaler comme on taperait dans un bol de cacahuètes. Tant qu'ils gardent leur surface médiatique et leur esprit, ils sont réinvités.

Les bonnes manières sont celles des gens influents. Si Emmanuel Macron tient sa fourchette tout près des dents et découpe son foie gras en petits dés[4], peut-être est-il temps d'en faire autant.

En revanche, pour celui qui n'est ni chroniqueur en

vue, ni capitaine d'industrie, il reste utile de connaître les bonnes manières tant est répandue l'idée que « ces codes vont souvent avec une délicatesse d'esprit ». Montrer qu'on les maîtrise reste le meilleur moyen de se faire une place dans un groupe.

Moins on est important, plus on consulte son téléphone

Une hôtesse se targue d'avoir confisqué puis interverti les téléphones de ses invités pour les punir d'en avoir trop fait usage chez elle.

L'étiquette contemporaine n'a pas encore décidé si le téléphone portable devait être posé à gauche ou à droite de l'assiette. Sans téléphone du tout ? Vous plaisantez ! « Imaginez, vous êtes dans un dîner, DSK se fait arrêter à New York et vous n'avez pas de téléphone… », glisse une communicante. Non, impossible.

On pourrait s'attendre à ce que les gens d'en haut se tiennent mieux, pas du tout. On évoque le bras droit de François Pinault passant un quart d'heure au téléphone, puis une demi-heure à envoyer des sms à table, son épouse se sentant encouragée à faire de même car vérifier ses messages est plus contagieux encore qu'un bâillement. Ceux qui ont raconté le dîner de rencontre entre Nicolas Sarkozy et Carla Bruni chez Jacques Séguéla se souviennent de la valse des smartphones à table. « Luc Ferry filme un peu la scène sur son téléphone portable. Carla prend Luc Ferry en photo. Luc Ferry prend Carla en photo[1]. » Des ados se feraient rappeler à l'ordre pour moins que cela.

On ne décroche pas

« Dans le temps, les gens qui se disaient du monde sonnaient leur personnel ; maintenant c'est eux qu'on sonne sans arrêt et ils se croient obligés de répondre, à la seconde si possible, comme s'ils travaillaient au standard d'un grand hôtel, pendant la saison et aux heures de pointe », déplore Karl Lagerfeld[2]. Même madame Chirac s'est agacée de ce journaliste absorbé par un coup de téléphone lors d'un dîner. « Comment peut-on avoir la prétention de croire qu'on ne peut se passer de vous ne serait-ce qu'une heure ? », peste Antoine Hébrard, du *Who's Who*.

Il y a des lieux pour ça

Si l'on n'arrive pas à s'en séparer, la moindre des choses est de ne pas traiter ses e-mails ou ses textos en public. Et attention, en se cachant les mains sous la nappe, on risque d'avoir l'air, au mieux, de se couper les ongles. Si l'on doit utiliser son smartphone, on s'excuse et on va aux toilettes.

Une hôtesse se souvient d'un hôte qui avait passé la soirée un téléphone sur la cuisse, envoyant des messages sous la table. « Il aurait pu demander à se laver les mains », dit-elle.

L'utilisation de la caméra du smartphone rompt le charme de l'instant

La prise de photos et de vidéos met souvent mal à l'aise, et ce n'est pas seulement par politesse. C'est aussi parce que le dîner en ville est censé être éphémère. Tout ce qui se passe là est supposé s'envoler. Introduire un téléphone dans un lieu prévu pour rester hors caméra refroidit. « Il faut savoir le faire délicatement au bon moment. »

On ne prend pas de photos sans encouragement

Rappelons qu'on ne dégaine pas son smartphone pour prendre des photos à moins d'y être encouragé, comme ce fut le cas lorsque Kevin Systrom, le fondateur d'Instagram, vint dîner à Paris chez Jean-Paul Gaultier. Chez le grand couturier, il est en face de Catherine Deneuve, à côté d'Arielle Dombasle, avec Antoine de Caunes, Laeticia Hallyday et Nikos Aliagas parmi la cinquantaine d'invités. On peut quasiment reconstituer le plan de table en suivant les photos postées par les uns et les autres sur Instagram – le code wifi était inscrit sur le menu –, y compris par le chef Jean Imbert… « Ça fait penser au mariage sponsorisé de Paul-Loup Sulitzer », désapprouve le patron d'une agence de publicité.

On ne photographie pas son voisin sans son accord

Si l'on ne sort pas son smartphone pour photographier son voisin célèbre, c'est parce qu'on est supposé trouver normal de l'avoir à sa table. Photographier l'assiette est déjà un peu délicat. Son voisin, totalement. Et si un autre convive sort un appareil, mieux vaut tourner la tête. Demandez leur avis à Geneviève de Fontenay, dont Florian Philippot a exhibé une photo à table, ou à Michel Sapin, la tête couverte de serpentins et de cotillons lors d'un dîner de réveillon partagé via Twitter par une Valérie Trierweiler vengeresse.

On peut faire une photo de famille

« Pour prouver que je fais les deux côtés politiques : voici Claude Lanzmann, Philippe Douste-Blazy et la journaliste Sandra Freeman, assure Félix Marquardt à une journaliste en montrant les clichés de son téléphone. Et là, c'est le boxeur Jean-Marc Mormeck, Mamuka Kudava, l'ambassadeur de Géorgie, Bernard Kouchner et Christophe de Margerie[3]. »

Parfois, pour amortir ce qu'il a investi dans son dîner, l'hôte décide de prendre une photo de famille à la fin du repas. Chez lui, un ancien chanteur à la mode remet ses lunettes de soleil pour la photo souvenir avec ses convives, afin qu'ils se souviennent qu'ils ont dîné avec un rocker. Un artiste laisse ses invités consulter l'album de photos des dîners précédents. L'occasion de constater qu'on n'est pas invité si souvent.

« Le problème des réseaux sociaux, ajoute le publicitaire Patrizio Miceli, c'est que les gens estiment que parce qu'ils ont posté une photo, ils ont rendu hommage à votre soirée, et qu'ils peuvent donc s'en aller… »

HUITIÈME ÉTAPE

Réussir sa sortie et digérer son dîner

Savoir quand partir

« Personne ne mérite qu'on se couche après minuit. »

COCO CHANEL

Cela se passe à New York. John Stossel, présentateur d'une émission télé, reçoit à sa table la journaliste audiovisuelle Megyn Kelly et son mari, la chroniqueuse vedette du *Wall Street Journal* Peggy Noonan, et d'autres. En début de repas, il prévient ses invités : « Ce repas va se clore à 22 heures. Pas une minute plus tard. » À l'heure dite, les invités se dirigent docilement vers la porte. Pour nous Français, donner l'heure de fin d'un dîner, ce serait un peu comme dévoiler le nom de l'assassin au début d'un polar. On est venus pour ne pas savoir.

Les dîners qui se terminent tôt décrochent des invités moins disponibles

Le dîner qui se termine tôt permet d'avoir des patrons à sa table, surtout ceux qui ont des petits déjeuners calés à 7 h 30. « Ils viennent et ils s'en vont », explique Patricia Goldman qui invite à 20 h 30 chez elle à Neuilly-sur-Seine. Bernard Arnault, le patron de LVMH, a la réputation de s'être fixé une heure de départ avant même de se présenter quelque part. Quand vous n'êtes personne, partir tôt est inconvenant. Quand vous avez réussi, c'est la marque d'une hygiène de vie.

« Les dîners réussis sont ceux qui se terminent tôt », établit le décorateur Jérôme Faillant-Dumas, ancien directeur artistique d'Yves Saint Laurent, critère qu'il n'applique qu'à ceux qui se tiennent chez les autres, bien entendu[1]. Les dîners chez Alain Duhamel commencent à 20 h 30 pour se terminer à 22 h 30[2]. Chez France Roque, on est encouragé à partir dès que sonnent 23 heures. La directrice de communication de *L'Obs* s'est inspirée pour caler les tenues de ses dîners du fonctionnement du patron fondateur de son journal, Claude Perdriel. Un soir, elle l'a accompagné à un dîner à l'Élysée. Elle savait que si le dîner se prolongeait, quoi qu'il arrive, à 22 h 45 il se lèverait de table. C'est ce qu'il a fait.

On peut prendre les bretelles de sortie des dîners

Quant aux dîners à rallonge, ils présentent deux embranchements sur lesquels on peut se précipiter pour partir : le café et la phrase « on passe au salon ? », lesquels peuvent être simultanés. Il est tentant de rester pour le café car les langues peuvent se délier.

La suggestion « on passe au salon ? » permet à l'hôte d'apprécier le succès de son dîner. Si la soirée a été une calamité, les invités en profitent pour invoquer la baby-sitteuse ou le rendez-vous du lendemain et aller chercher leurs manteaux. Certains hôtes ne s'y risquent pas. « Ça casse l'ambiance… »

Il faut savoir repérer les signaux de fin de soirée donnés par l'hôte ou l'hôtesse

Pour signaler leur nouvelle proximité partagée, il n'est pas rare au salon que des convives, voire l'hôtesse, s'asseyent par terre face à d'autres enfoncés dans leurs fauteuils pour des conversations plus rapprochées. Il peut arriver, la soirée étant trop réussie, que les invités ne comprennent pas qu'il faut partir, par exemple les journalistes dont les rédactions peuvent rester désertes jusqu'à 10 heures, ou les écrivains qui sont « plutôt du soir ». Dans ce cas, les hôtes commencent à envoyer des petits signaux de fumée, en pliant quelques serviettes, voire en poursuivant leur conversation debout. Chacun saisit l'invitation discrète à partir.

Personne ne veut être celui qui donne le signal du départ. Pourtant les dîners peuvent traîner, parfois avec la bénédiction de certains hôtes qui en font un indicateur de succès de leur soirée. « Si les invités partent avant 2 heures du matin, c'est un échec », résume une jeune hôtesse.

Il faut, pour partir tôt, soit être Alain Minc et/ou réputé pour cette manie de sorte que les hôtes ne le prennent pas personnellement, soit avoir un métier auquel on ne puisse opposer aucune résistance. L'excuse du déplacement professionnel fonctionne toujours, celle des petits déjeuners aussi depuis que certains peuvent en enchaîner deux pour ouvrir la journée. Et puis il y a des professions qu'on ne cherche pas à retenir. Au chirurgien qui se lève de table en s'excusant d'un « demain, j'opère », personne ne propose un dernier verre.

Les gens en couple ont souvent préparé un scénario de fuite. Ils échangent des regards et mouvements de menton suffisamment visibles pour préparer la tablée à leur départ. Emmanuel de Brantes a encore en mémoire sa petite amie s'ennuyant ferme dans un dîner aussi chaleureux qu'un frigidaire. « On y va », lui a-t-elle fait signe. Elle s'est levée de table après l'entrée et s'est excusée. « C'est pas tout, mais on doit aller faire des enfants… »

En aucun cas, on ne se contentera d'un simple « il faut que j'y aille, je travaille demain » qui laisse entendre que les autres convives vont passer la matinée à traîner dans un bain parfumé.

Si l'on va ailleurs, on n'emmène pas la table avec soi

C'est une chose que de vouloir aller finir la soirée chez Castel, c'en est une autre que d'inviter les autres invités à déguerpir avec vous. On évite de donner un signal de départ collectif en s'en allant.

« Je pars toujours la première, raconte une écrivaine. Quand le dessert est servi, j'attends entre 5 et 8 minutes. » Il n'est pas question d'avoir l'air de partir dès la dernière bouchée avalée. Rien n'est plus exécrable non plus que de signer le départ pour les autres. Un hôte cite un de ses amis qui s'invite volontiers à dîner. « Cela ne me gêne pas mais il a le mauvais goût de partir vers 23 heures et il va embrasser tout le monde… C'est odieux ! »

En cas de mouvement collectif, on peut avoir la délicatesse de laisser partir le premier ascenseur et d'attendre un quart d'heure, histoire de ne pas laisser l'hôtesse en pleine dépression au milieu des bouteilles et des cendriers froids. La maison est fatiguée de sa soirée, les verres à moitié vides. C'est le début de la descente, il est appréciable d'y faire face entouré.

Comment poursuivre la soirée sans l'hôte

On sait que Alain Duhamel quitte tous les dîners à 22 heures, on sait moins qu'il le fait aussi chez lui, laissant les invités finir la soirée à discuter avec son épouse.

D'autres hôtes vont se coucher, comme cette hôtesse. « Ma chambre se ferme avec ma salle de bains… Recevoir, c'est ouvrir sa maison si vous avez envie de continuer. » Il arrive aussi à Patrizio Miceli de filer à l'anglaise à la fin de ses soirées pâtes avant que tous ses invités soient partis. Dans ces cas-là, il faut au moins prévenir une personne de son départ, elle sera chargée d'excuser l'hôte en son nom.

Les au revoir ou l'occasion de la dernière chance

« On s'appelle… pas avant dimanche, on est pris tous les soirs. »

SYLVIE JOLY, *L'Après-dîner*

Le temps passé à la porte représente 20 % du temps passé à table

C'est un Américain qui en parle le mieux. Lorsque les Français s'approchent de la porte pour se dire au revoir, manteaux sur le dos, cela ne signifie pas qu'ils vont partir. Non, le *french good-bye* consiste, après s'être embrassés, à rester 25 minutes dans l'entrée pour relancer une nouvelle conversation.

Le fondateur d'une grande entreprise de tech française a son explication. Comme il est d'usage de ne pas parler de boulot à table, arrivés sur le pas de la porte, nous voilà rattrapés par le temps. Que va-t-il rester de ce dîner ? En a-t-on tiré tout ce qu'il faudrait ? Est-on satisfaits de l'impression qu'on risque de laisser ? On a peut-être loupé une occasion. C'est le moment de tenter les ultimes demandes, les dernières prises de contact, de s'assurer que l'on part sur une bonne impression. « On joue sa carte dans les cinq dernières minutes... »

Mais on peut encore attraper une carte de visite

Cette communicante, qui raconte avoir choisi le moment d'aller aux toilettes dans un restaurant étoilé pour être sûre de croiser à la sortie un grand patron du CAC 40, garde des cartes de visite dans tous ses sacs à main. Le moment du départ des dîners, c'est celui de dégainer.

En allant récupérer son manteau, on réalise qu'il est encore temps de fondre sur ceux que l'on n'a pas pu approcher. Comme la directrice d'une salle de ventes abordant un fabricant de bijoux : « On ne s'est pas vus pendant le dîner... »

Mais on ne fait pas signer de livre d'or

Présenter un livre d'or équivaut à dire à ses invités : « Vous avez oublié de me faire un compliment... » C'est aussi leur rappeler que ce qu'ils croyaient être un moment unique s'inscrit dans une pratique mécanique, et les invités n'ont pas forcément envie de laisser des traces écrites chez des gens qui demain seront peut-être mis en examen ou engagés dans des carrières politiques douteuses. Laissons aux restaurateurs la tradition d'afficher une photo d'eux aux côtés de leurs convives célèbres.

Pour demander des coordonnées, plutôt que d'avoir l'air d'un chasseur de contacts, il vaut mieux s'abriter derrière un service à rendre. « Je vais vous envoyer le livre dont je vous ai parlé » ou mieux « vous le faire envoyer ».

Ceux qui sont en voiture peuvent kidnapper les invités en vue

Le moment de se séparer permet aussi de faire un dernier point sur les statuts de chacun. Qui a un chauffeur en faction dans la rue ? Qui repart à pied ? Ceux qui sont venus avec des voitures prennent l'avantage. Telle cette avocate qui se jette sur les parlementaires à la fin des dîners avec un « je vous raccompagne » et qui en profite, se dit-il, pour leur laisser sa carte. D'autres proposent de partager un taxi à des gens qui n'habitent pas du tout dans le même quartier.

Après le repas où Xavier Niel rencontra Delphine Arnault, « les deux milliardaires repartent ensemble, conduits par le chauffeur privé de Madame, garé au pied de l'immeuble[1] ». La légende dit qu'à la fin du dîner où Carla Bruni fit la connaissance de Nicolas Sarkozy chez Jacques Séguéla, elle lui aurait demandé s'il avait une voiture, le président d'alors aurait répondu :

« Normalement oui, et si tout va bien, il y en aura même plusieurs… »

Le débriefing commence dès la sortie de l'ascenseur

À peine dehors, on débine tout ce qu'on était venus chercher : le clinquant, le luxe, l'entre-soi.

On lâche un « tu ne t'es pas trop ennuyé ? » à la sortie du dîner où l'on a tout fait pour se faire inviter.

Le dîner s'entend avec SAV

Bien entendu on remercie. Pas forcément le lendemain. On peut laisser passer un ou deux jours pour souligner sa sincérité. Et c'est bien sûr à la maîtresse de maison qu'on adresse ses remerciements, même si c'est le lien avec un influent mari qui a motivé le déplacement.

Il n'est pas trop tard pour récupérer les coordonnées des autres invités

On ne demande pas un numéro directement, on ne fait pas « son marché » parmi les contacts à la table. Si l'on est proche de l'hôtesse, on l'appelle en disant qu'on aimerait bien revoir telle personne. Il arrive même que l'hôte envoie un petit e-mail de post-scriptum au dîner pour faire semblant de remercier les invités d'être venus, ce qui permettra aux uns et aux autres de récolter les coordonnées des participants. Une hôtesse y ajoute une plaisanterie, un lien vers un article impertinent éclairant un sujet dont on a parlé à table. Autrement dit, cette soirée n'était qu'un point de départ.

Jusqu'à la prochaine invitation, les invités appartiennent encore à l'invitant

Les contacts de ces amis d'un soir récupérés d'une manière ou d'une autre, vous pouvez à votre tour les convier, mais l'usage veut que vous invitiez, la première fois, les gens chez qui vous les avez connus. « Si une personne veut inviter quelqu'un qu'elle a rencontré chez vous, elle doit d'abord vous demander si vous y verriez un inconvénient, et même vous inviter… », explique une lobbyiste. « Après on est libre », résume une autre mondaine. Car, déplore une troisième, « les gens se sentent propriétaires de leurs amis, c'est regrettable ». Il faut, constate une maîtresse de maison, « s'éduquer à la jalousie ».

On est tenu à une discrétion sélective

Le bon convive est réputé pour sa discrétion. On n'est pas supposé s'épancher sur les dîners auxquels on est invité, un peu dans l'esprit des dîners du Siècle, au sujet desquels les participants s'engagent à respecter le silence.

Qu'est-ce qu'un dîner réussi ?

> « Quand on a renoncé à tous les plaisirs de la vie, il reste encore celui de se lever de table après un dîner ennuyeux. »
>
> PAUL CLAUDEL

« Dans la vie, on ne fait que picorer autour de nous », résume Valérie Solvit. « Se fabriquer des souvenirs. » Voilà à quoi doit officiellement servir le dîner. « Avec assez peu d'éléments, tu crées une histoire, un événement, ta vie... », explique une chef d'entreprise à propos de ses dîners. « L'incertitude du dîner est belle... » Par là, elle entend l'incertitude de réussir son dîner, d'autant plus grande que la définition du dîner réussi est insaisissable.

Chacun sait définir le dîner raté

Hier, le communicant Jean-Pierre Tuil est allé à un dîner. « C'était bien ? » lui a demandé son épouse quand il est rentré. « Je n'ai parlé qu'aux gens que je connaissais… » Voilà le drapeau rouge du dîner.

Un dîner réussi ne vous sera pas nécessairement attribué

« Quelques jours d'interruption de tournage, dîner avec Emmanuel Macron et son épouse Brigitte », lit-on dans le journal de Fabrice Luchini au 30 août 2015. L'acteur est sous le charme[1] et prêtera au couple sa maison à l'île de Ré. Notez qu'il ne fait aucune mention de l'hôte du dîner.

C'est ingrat, mais le dîner réussi est aussi un exercice de modestie. « Si l'on a pris les soins nécessaires avant, tout se passe sans encombre pendant, et l'on jouit silencieusement de son succès », recommande la baronne Staffe[2]. Le dîner peut être un tel exercice d'ingratitude qu'il arrive même que des invités vous proposent de vous mettre en contact avec des gens qu'ils ont connus à votre table.

Le dîner réussi n'est pas nécessairement un dîner où l'on a bien mangé

Tout le monde vous dira que si vous recevez, c'est important de bien faire. Mais les dîners du dimanche soir de Jacques Attali, où l'on mangeait debout et pas forcément des mets gastronomiques, étaient parmi les plus courus.

Personne ne vous dira qu'un dîner réussi est un dîner

où l'on a bien mangé. Non, le critère c'est l'ennui. « Parfois, je pense "je veux descendre, j'ai mal au cœur" », avoue le journaliste Jérôme Godefroy au sujet des dîners parisiens. Car si l'on continue à dîner chez des gens dont on n'aime pas la cuisine, il y en a d'autres qui servent des repas délicieux et que chacun fuit… « Il y a quelques banquiers chez qui je ne vais plus parce que l'on s'y ennuie trop », avoue un lobbyiste.

D'un dîner réussi, on repart avec des nouveaux alliés

Un dîner, « c'est une façon de se reconnaître entre personnes qui partagent les mêmes valeurs », estime Caroline de La Marnierre.

Une fois qu'on a dîné avec quelqu'un, on peut décrocher son téléphone pour dire qu'on aimerait échanger. On appartient désormais à une sorte de famille élargie. On va plus facilement se rendre service… On ne demande ni ne propose rien directement à table, mais cela « met du liant qui servira la fois d'après ».

Dans un entretien aux *Inrockuptibles*, Félix Marquardt qui fut le roi des dîners a très bien résumé les bénéfices qu'il tirait de ses soirées : « Mon business, c'est de mettre en contact. Je reçois des gens, je leur montre qui je connais… Je rends des services à l'œil, puis quand la confiance s'installe, j'obtiens des missions et donc des thunes[3]. »

Un dîner réussi est un dîner dont naît une œuvre ou une collaboration

Les dîners réussis, m'explique une hôtesse, sont « ceux dont on part avec une idée de film, de livre... ». Ce n'est pas à la portée de toutes les tables. Une autre cite un dîner pendant lequel un compositeur de musique s'est mis d'accord avec un invité pour lui faire écrire son prochain livret. L'avocat Emmanuel Pierrat assure que c'est à table qu'est né le projet d'adaptation au cinéma du roman d'Anna Gavalda, *Ensemble, c'est tout*[4].

Les dîners portent toutes sortes de fruits. Dix mois après un repas à trente convives dans la maison de Normandie de France Roque, se tenait le forum de Caen, présidé et payé par Hervé Morin, le président de la Région, avec Pierre Haski en animateur de débats. Ils s'étaient rencontrés ce soir-là.

Valérie Solvit a publié un livre sur la viande pour la fédération de la boucherie – un de ses clients. Les trois quarts des contributeurs de l'ouvrage vendu chez Hermès et chez Colette sont des invités réguliers à sa table. « J'avance en tribu », se justifie-t-elle. Dans le texte de Philippe Sollers consacré aux végétariens, on lit même : « Je garde quand même le poulet mais il faut qu'il soit préparé une fois par an par Valérie Solvit. »

Les dîners n'offrent pas de grosses ficelles mais des petits raccourcis. Une journaliste invitée à un dîner y rencontre un ambassadeur et le suit ensuite en tournée diplomatique. Rien de déterminant, mais « ça a aidé ».

Pour que cela soit réussi, le lien entre le dîner et la collaboration doit paraître quasi accidentel, de manière à ce que l'on puisse s'en amuser. « C'est drôle, l'idée est venue dans un dîner... » Alors que non, ce n'est pas drôle : cela fait des années que l'on va à des dîners dans ce but.

On repart avec du capital confiance

« Laurent Dassault m'embrasse », explique un communicant. « Mais ça fait trente ans qu'il m'embrasse et il ne m'a toujours pas offert un avion. » Chacun insiste sur le fait que ces dîners ne sont que les cerises sur des gâteaux cuisinés indépendamment. « Je n'ai pas besoin de faire des dîners pour connaître des gens, je suis allée à l'École Alsacienne : je connais déjà tout le monde », plaisante une écrivaine, pourtant connue pour recevoir.

François Hollande et Emmanuel Macron se sont rencontrés dans un dîner chez Jacques Attali, Emmanuel Macron et son Premier ministre Édouard Philippe à une autre table... Son prédécesseur à l'Élysée avait à peine fait la découverte de ce jeune talent qu'un jour il reçut un message de sa part. Macron, la trentaine, lui proposait de venir dîner chez lui et lui indiquait qui serait de la partie. Suivait une liste de patrons et décideurs français. Hollande est resté soufflé et amusé par son audace. L'entourage du nouveau conseiller de l'Élysée l'a vu se lancer, à coups de dîners, à la conquête d'on ne savait pas encore quoi. « En fait, en y réfléchissant, ce n'est pas si difficile à faire… Beaucoup de gens ne refusent pas les invitations parce qu'ils sont obsédés par le besoin d'élargir leur cercle, par la peur de ne pas sentir ce qui se trame », résume l'ancien conseiller de l'Élysée Gaspard Gantzer. Ceux de son âge distillent leur amertume vis-à-vis de ce prodige turbo-dîneur – « évidemment, il n'a pas de charge familiale, il est libre tous les soirs » ou « personnellement, je préfère dîner avec des gens de mon âge » – avant d'admettre qu'il est essentiel à une carrière politique d'avoir eu chacun à sa table. Lorsqu'on s'est croisés à table suffisamment souvent, on est liés. Et on peut plus difficilement se planter des couteaux dans le dos, une fois qu'on a des amis communs.

Un dîner réussi efface les brouilles

Pour débrouiller un malentendu, vous assure-t-on, aucun e-mail, aucune lettre ne pourra accomplir ce à quoi parvient un dîner. « Le repas, c'est magique… » Les échanges entre les groupes télécom Free et Orange ne se limitent qu'à des assignations délivrées par des huissiers ? Xavier Niel et Stéphane Richard arriveront à un accord de paix après s'être rencontrés à dîner chez Pascal Houzelot[5]. Lorsque l'Élysée est en froid avec un média, un hôte parisien invite le secrétaire général et le directeur du média en question. On parle de politique internationale, des derniers faits divers, de tout sauf des raisons de cette opération rabibochage.

Avant de se retrouver à table, n'oublions pas l'adage : « Le drame, quand on se réconcilie, c'est qu'on va être obligé de revoir les gens. »

« On va vous dire au revoir et merci »

Nous voilà armés de nombreuses règles pour réussir nos dîners en ville. Bien sûr, il en manque une dernière : l'art des dîners ne s'apprend pas, car il est d'abord le signe d'appartenance à un groupe. Il ne peut y avoir de règles officielles qui permettraient à n'importe qui d'entrer dans le cercle des dîners ; on ne peut compter que sur mille et une règles non dites, toutes plus subtiles les unes que les autres. On nuance l'application à en être par la désinvolture apparente. On se rend service en insistant sur l'esprit de générosité et en condamnant ceux qui se montrent délibérément opportunistes. Avec les meilleures intentions, avec les hôtes les plus bienveillants et sympathiques du monde, on maintient l'entre-soi que l'on moquait chez ceux qui nous ont précédés.

L'art des dîners ne s'apprend pas, et à trop les mettre en équation, à ne mesurer que les codes et les intérêts bien partagés, on oublie qu'il n'y a pas de soirée réussie sans désir et plaisir d'être ensemble – partager, échanger, se divertir. Le pragmatisme, la construction d'un entre-soi confortable et de leviers d'ascension sociale ne doivent pas occulter les liens amicaux, la générosité, la surprise de moments vivants.

« Mes dîners sont tout sauf mondains », me disait une des hôtesses qui a eu la gentillesse de me répondre. Il n'y a pas de complot des dîners en ville, simplement des gens qui aiment la bonne table, les conversations piquantes et tiennent à leurs dîners comme à des espaces de liberté. Le mélange avec l'amitié y est si sincère que c'est souvent sans calcul et même sans s'en apercevoir que l'on construit son réseau en reproduisant ce qu'on avait tant moqué chez les générations précédentes. Jusqu'à l'emploi des bons usages.

C'est la raison pour laquelle chacun est intimement persuadé que ces « dîners en ville » que l'imaginaire collectif considère parfois avec dédain ressemblent à tout, sauf aux siens. Beaucoup de ceux que j'ai souhaité rencontrer ont d'ailleurs poliment refusé comme s'il s'agissait d'un malentendu. « Désolé, je ne suis pas la bonne personne… » D'autres ont demandé « pourquoi moi ? », sur le même ton que s'il s'était agi d'une enquête sur l'évasion fiscale… « Je ne connais rien aux dîners, je les fuis ! » m'a répondu un dîneur régulier. Bien sûr, certains ont décliné avec des arguments cohérents (« ce sont des dîners privés »), professionnels (« ce n'est pas mon métier ») et habiles (entendu en avril : « j'aurai plus de temps en septembre »).

Aussi, je tiens à remercier vivement ceux qui ont pris le temps de me raconter leurs dîners en ville. En attendant, comme il se doit, d'avoir le plaisir de les recevoir.

NOTES

Introduction

1. Cécile Thibaut, Anne Vidalie et Colombe Pringle, « Les Mondains entre eux », *L'Express*, 19 août 1999.
2. https://www.lesechos.fr/week-end/business-story/enquetes/030350030728-arthur-sadoun-le-nouveau-roi-de-publicis-2089714.php
3. Sophie Coignard et Marie-Thérèse Guichard, *Les Bonnes Fréquentations*, Grasset, 1997.
4. Cité par Michel Onfray, *La Raison gourmande*, Grasset, 1995.
5. Cécile Thibaut, Anne Vidalie et Colombe Pringle, « Les Mondains entre eux », *op. cit.*
6. Morgane Miel, « Le pouvoir des dîners en ville », *Madame Figaro*, 1er juin 2015.
7. Pascale Tournier et Stéphane Reynaud, *Dans les cuisines de la République*, Flammarion, 2010.
8. *La Guerre de Sept Ans, histoire secrète du franc fort*, avec Éric Aeschimann, Calmann-Lévy, 1996.
9. « La semaine d'Anne Fulda », *Le Figaro*, 9 mai 2014.
10. http://teleobs.nouvelobs.com/actualites/20170524.OBS9854/10-choses-a-savoir-sur-anne-sophie-lapix.html

11. http://www.capital.fr/entreprises-marches/les-petits-secrets-du-nouveau-patron-de-publicis-arthur-sadoun-1222070
12. Sophie Coignard et Marie-Thérèse Guichard, *op. cit.*

PREMIÈRE ÉTAPE
Qui inviter ?

La base : mélanger les genres

1. Léna Mauger, « Les dîners de com' », *M le Magazine du Monde*, 16 novembre 2012.
2. « La semaine d'Anne Fulda », *op. cit.*
3. François-Régis Gaudry, « Le Retour des dîners en ville », *op. cit.*
4. Sophie Delassein, *Les Dimanches de Louveciennes chez Hélène et Pierre Lazareff*, Grasset, 2009.
5. Marc Lambron, *Carnets de bal (2)*, Grasset, 2003.
6. *Le Monde selon Karl*, Flammarion, 2013.
7. « L'éternité sur ordonnance », Sophie des Déserts, *Vanity Fair*, février 2015.
8. *Salaud on t'aime* (2013), le personnage interprété par Eddy Mitchell et qui conseille à Johnny Hallyday d'arrêter de fumer s'appelle Frédéric Selman.
9. Ariel Ricaud-Barsi, directrice de la communication des parfums Givenchy citée par Cécile Thibaut, Anne Vidalie et Colombe Pringle, « Les Mondains entre eux », *op. cit.*
10. Marc Lambron, *op. cit.*
11. « Les dîners secrets du président », *L'Express*, 18 septembre 2015.
12. Le 16 février 2015.
13. Caroline Derrien et Candice Nedelec, *Les Macron*, Fayard, 2017.

Pièces clés du dîner en ville

1. http://www.liberation.fr/elections-presidentielle-legislatives-2017/2017/05/07/emmanuel-macron-l-elysee-pied-au-plancher_1567939
2. Caroline Derrien et Candice Nedelec, *op. cit.*
3. Solveig Godeluck et Emmanuel Paquette, *Xavier Niel, La voie du pirate,* First, 2017.
4. Salon de l'Agriculture 2008.
5. Anne Vega, *Dans les cuisines des ministères,* Hachette littératures, 2003.
6. Elaine Sciolino, *La Séduction*, Presses de la Cité, 2011.
7. http://o.nouvelobs.com/mode/20130919.OBS7692/alaia-l-homme-qui-aimait-les-femmes.html

Catégories de dîners particulières

1. Ariane Chemin, « L'homme qui murmurait à l'oreille des présidents », *Le Monde*, 19 août 2016.
2. « Les Mystères du Tout-Paris », *Le Figaro*, 26 mars 2011.
3. Stock, 1972.
4. Caroline Derrien et Candice Nedelec, *op. cit.*
5. « Un dîner de classe chez les grands bourgeois », Rue89, 24 février 2015.

DEUXIÈME ÉTAPE

Choisir son nombre, choisir son jour, inviter par réajustations successives, décliner en souplesse

Le nombre magique

1. Candice Nedelec et Caroline Derrien, *op. cit.*

Le choix du jour

1. Sophie Delassein, *op. cit.*
2. Léna Mauger, « Les dîners de com' », *op. cit.*
3. Entretien avec Patricia Barbiret, Propos recueillis par Benédicte Epinay, *Les Echos week-end*, 23 octobre 2015.
4. http://www.lemonde.fr/m-actu/article/2013/11/01/patricia-barbizet-une-femme-puissante_3505939_4497186.html

Lancer l'invitation

1. http://www.lesinrocks.com/2013/02/21/actualite/qui-es-tu-felix-marquardt-11364369/

Accepter immédiatement pour pouvoir dire non ensuite

1. Philippe Boegner, *Oui Patron*..., Julliard, 1976.
2. « The golden age of bailing », David Brooks, *New York Times*, 7 juillet 2017.
3. *Trente ans de dîners en ville,* cité dans http://www.challenges.fr/luxe/ces-grands-et-petits-secrets-de-l-art-de-la-table-a-la-francaise_50225
4. http://www.challenges.fr/luxe/ces-grands-et-petits-secrets-de-l-art-de-la-table-a-la-francaise_50225

TROISIÈME ÉTAPE
Réussir son entrée

Le dîner parisien hors les murs

1. Sophie Delassein, *op. cit.*
2. Léna Mauger, « Les dîners de com' », *op. cit.*
3. Fabrice Luchini, *Comédie-Française*, Flammarion, 2015.

L'appartement est construit autour du dîner

1. Raymonde Carroll, *Cultural Misunderstandings*, The University of Chicago Press, 1987.
2. Léna Mauger, « Les dîners de com' », *op. cit.*
3. Bertrand de Saint Vincent, *Tout Paris*, Grasset, 2011.
4. M. Attali aimerait vous inviter à dîner. Par Emilie Lanez et Violaine de Montclos, *Le Point*, 25 octobre 2014.
5. Léna Mauger, « Les dîners de com' », *op. cit.*
6. « Les Mystères du Tout-Paris », *Le Figaro*, 26 mars 2011.
7. Baronne Staffe, *Usages du monde*, 1891.

L'heure, ce n'est pas l'heure

1. *Mille et une bouches*, Autrement, Série Mutations/mangeurs, 1995.
2. Elaine Sciolino, *op. cit.*
3. Réflexion développée par Adam Gopnick dans *First comes the table*, Knopf, 2011.
4. « Maja Hoffmann, la reine d'Arles », Roxana Azimi, *M le magazine du Monde*, 1er juillet 2016.

On ne vient pas avec une bouteille de vin

1. Pierre Bourdieu, *La Distinction*, Éditions de Minuit, 1979.

Tout se joue à l'apéro

1. Léna Mauger, « Les dîners de com' », *op. cit.*
2. http://www.lemonde.fr/m-gastronomie/article/2016/07/18/quand-gault-et-millau-lancaient-la-nouvelle-cuisine_4971001_4497540.html#lDYOJ6kb2Ewh6I7A.99

QUATRIÈME ÉTAPE
Pour passer à table il faut une table

La gratuité coûte cher

1. « Les Mystères du Tout-Paris », *op. cit.*

Pas de plan de table sans table

1. « Les arts de la table : quel rôle dans la transmission de la culture alimentaire française ? » Petit déjeuner-débat en présence d'Olivier Gabet, directeur du Musée des Arts décoratifs.
2. Raymonde Carroll, *Évidences invisibles*, Éditions du Seuil, 1987.
3. « La semaine d'Anne Fulda », *Le Figaro*, 11 avril 2014.
4. Bertrand de Saint Vincent, *op. cit.*
5. Marc Lambron, *op. cit.*
6. « La semaine d'Anne Fulda », *Le Figaro*, 11 avril 2014.
7. http://www.challenges.fr/luxe/ces-grands-et-petits-secrets-de-l-art-de-la-table-a-la-francaise_50225

8. http://www.challenges.fr/luxe/ces-grands-et-petits-secrets-de-l-art-de-la-table-a-la-francaise_50225
9. Junichirô Tanizaki, *L'Éloge de l'ombre*, Verdier, 2011.

Les invités viennent pour le plan de table

1. « Les Mystères du Tout-Paris », *op. cit.*
2. *Ibid.*
3. http://www.lepoint.fr/actualites-societe/2007-01-17/une-pro-de-la-fete/920/0/30706
4. Léna Mauger, « Les dîners de com' », *op. cit.*
5. Marc Lambron, *op. cit.*

La tentation de se rendre en cuisine

1. Wikipédia.
2. Flaunt via Wikipédia.
3. Her majesty's meticulous Party Planner, *New York Times*, 24 avril 2016.

CINQUIÈME ÉTAPE
Inviter à dîner suppose de servir un dîner

On n'est pas là pour manger

1. Léna Mauger, « Les dîners de com' », *op. cit.*
2. Pascale Tournier et Stéphane Reynaud, *op. cit.*
3. Fabrice Idiart du restaurant Ilura de La Réserve à Saint-Jean-de-Luz.
4. Mathilde de l'Écotais, la femme de Thierry Marx, citée dans « Anchois Choyés », Camille Labro, *M*, 25 juin 2016.
5. Léna Mauger, « Les dîners de com' », *op. cit.*
6. Baronne Staffe, *op. cit.*

Ne jamais être trop à la mode

1. Conférence au festival Étonnants Voyageurs, mai 2015.
2. *Paris Match*, 30 décembre 2016.
3. Michel Onfray, *op. cit.*
4. « On ne parle pas la bouche pleine », France Culture, 15 janvier 2017.
5. Julia Csergo, *Nostalgies du Terroir, Mille et une bouches*, Autrement, Série Mutations/mangeurs, 1995.
6. *Cuisine et Vins de France*, été 2016.
7. Anne Vega, *op. cit.*
8. *Le Monde selon Karl*, *op. cit.*
9. PublicAffairs, 2014.
10. Julia Csergo, *op. cit.*

Le copain est celui qui partage son pain

1. « C'est arrivé demain », Europe 1, 9 avril 2016.
2. Pascale Tournier et Stéphane Reynaud, *op. cit.*
3. Émilie Lanez, *La Garconnière de la République*, Grasset, 2017.
4. Michel Onfray, *op. cit.*
5. http://www.lemonde.fr/m-gastronomie/article/2016/07/18/quand-gault-et-millau-lancaient-la-nouvelle-cuisine_4971001_4497540.html
6. « Docteur Frédéric Saldmann, médecin et gourou du Tout-Paris : *L'Éternité sur ordonnance* », Sophie des Déserts, *Vanity Fair*, février 2015.
7. Julia Csergo, *op. cit.*

Boire en faisant semblant de boire moins

1. « Les Mystères du Tout-Paris », *op. cit.*
2. Anne Vega, *op. cit.*

3. Citant Malcolm Gladwell dans *The Table comes first*, Alfred Knopf, 2011.
4. Anne Vega, *op. cit.*
5. http://lexpansion.lexpress.fr/high-tech/xavier-niel-maitre-du-monde_1507112.html
6. Émilie Lanez, *op. cit.*
7. Gilles Pudlowski, *Comment être critique gastronomique et garder la ligne,* Éditions du Rocher, 2004.

Le service ne doit être visible que des invisibles

1. Sophie Delassein, *op. cit.*
2. Solveig Godeluck et Emmanuel Paquette, *op. cit.*
3. Portrait d'Anne Méaux, par Marc Baudriller, *Challenges*, 2010.

SIXIÈME ÉTAPE
Conversation et vie de la table

On vient pour la conversation

1. Albert Caraco, *Le Galant Homme : un livre de civilité*, La Baconnière, 1967.
2. Pierre Bourdieu, *op. cit.*
3. *Ibid.*
4. Léna Mauger, « Les dîners de com' », *op. cit.*
5. Morgane Miel, « Le Pouvoir des dîners en ville », *Madame Figaro*, 1er juin 2015.

Ceux qui parlent et ceux qui écoutent

1. Caroline Derrien et Candice Nedelec, *op. cit.*

2. Publié en français sous le nom *Évidences invisibles*, Seuil, 1987.
3. http://www.lemonde.fr/m-styles/article/2012/11/16/les-diners-de-com_1791082_4497319.html#ytocUo1qIqpFU4WE.99
4. Frédéric Saldmann, le doc People, Anne Fulda, *Le Figaro*, 6 mai 2015.
5. Baronne Staffe, *op. cit.*

De quoi ne faut-il pas parler ce soir ?

1. Entretien à *Madame Figaro*, 27 mai 2010.
2. Baronne Staffe, *op. cit.*
3. Anne Vega, *op. cit.*
4. Elaine Sciolino, *op. cit.*
5. Caroline Derrien et Candice Nedelec, *op. cit.*

Les phrases les plus utiles

1. Her majesty's meticulous Party Planner, *New York Times*, 24 avril 2016.
2. Mimi Marchand, la reine des people au chevet des Macron, Sophie des Déserts, *Vanity Fair*, avril 2017.
3. *Les Cahiers européens de l'Imaginaire*, mars 2013.

Accidents et sorties de route

1. *Le Monde selon Karl*, *op. cit.*
2. Yasmina Reza, *L'aube, le soir ou la nuit*, Grasset, 2007.

La distribution des rôles dans la conversation

1. Édouard Philippe, *Des hommes qui lisent*, Fayard, 2017.

Les dames n'ont toujours pas de place naturelle

1. Solveig Godeluck et Emmanuel Paquette, *op. cit.*

Des happenings pour éviter l'ennui

1. « La conquête de Paris d'Emmanuel Macron », Pascale Nivelle, *M le magazine du monde*, 20 juin 2017.

Le président à dîner

1. Fabrice Luchini, *op. cit.*
2. Aquilino Morelle, *L'Abdication*, Grasset, 2017.
3. Gérard Davet et Fabrice Lhomme, *Un président ne devrait pas dire ça*, Stock, 2016.
4. « Les dîners secrets du président », *L'Express*, 18 septembre 2015.
5. *Ibid.*
6. Dans l'émission « Les Plats dans le Plat » de Cyril Hanouna, Europe 1, 13 novembre 2014.
7. *Ibid.*
8. Gérard Davet et Fabrice Lhomme, *op. cit.*
9. Christian Roudaut, entretien à RMC.fr

SEPTIÈME ÉTAPE
Montrer qu'on connaît les usages même si on ne les respecte pas

Les mauvaises manières dépendent de votre rang

1. Pierre Bourdieu, *op. cit.*
2. Paul Hitaisse, Philippe Dumas, *op. cit.*

3. Entretien à *Madame Figaro*, 27 mai 2010.
4. http://www.liberation.fr/france/2017/04/12/gael-tchakaloff-empathissante_1562302

Moins on est important, plus on consulte son téléphone

1. « Dans l'intimité du couple de l'année », *Le Point*, 3 janvier 2009.
2. *Le Monde selon Karl*, *op. cit.*
3. http://www.lemonde.fr/m-styles/article/2012/11/16/les-diners-de-com_1791082_4497319.html#ytocUo1qIqpFU4WE.99

HUITIÈME ÉTAPE
Réussir sa sortie et digérer son dîner

Savoir quand partir

1. Bertrand de Saint Vincent, *op. cit.*
2. Portrait d'Alain Duhamel par Philippe Ridet, *M*, 31 décembre 2016.

Les au revoir ou l'occasion de la dernière chance

1. Solveig Godeluck et Emmanuel Paquette, *op. cit.*

Qu'est-ce qu'un dîner réussi ?

1. Fabrice Luchini, *op. cit.*
2. Baronne Staffe, *op. cit.*

3. http://www.lesinrocks.com/2013/02/21/actualite/qui-es-tu-felix-marquardt-11364369/

4. François-Régis Gaudry, « Le Retour des dîners en ville », *L'Express*, 12 juin 2007.

5. Solveig Godeluck et Emmanuel Paquette, *op. cit.*

Composition et mise en pages
Nord Compo à Villeneuve-d'Ascq

Cet ouvrage a été imprimé par
CPI BRODARD ET TAUPIN
pour le compte des Éditions Grasset
en octobre 2017

PAPIER À BASE DE FIBRES CERTIFIÉES

Grasset s'engage pour l'environnement en réduisant l'empreinte carbone de ses livres. Celle de cet exemplaire est de :
550 g éq. CO_2
Rendez-vous sur www.grasset-durable.fr

N° d'édition : 20070 – N° d'impression : 3024589
Dépôt légal : octobre 2017
Imprimé en France